매일 쉬는 남자

매일 쉬는 남자
다함께 가는 길, 다시 가고 싶은 곳으로

배종엽 지음

아트앤미디어

프롤로그

책을 내면서

대한민국 고속도로의 역사는 1968년 서울과 인천을 잇는 경인고속도로 29.5km 건설에 이어, 1970년 7월 7일에 서울과 부산을 잇는 경부고속도로 428km가 개통되었으니 56년이 지나고 있다. 1970년 경부고속도로 개통과 함께 '추풍령휴게소' 개장으로 시작된 고속도로 휴게소의 역사는 54년이 되었다. 2024년 4월 7일 기준으로 고속도로 총연장은 5,016.6km, 총 50개 노선에 전국 휴게소는 230여 개, 휴게소 매출 규모는 6.8조(휴게소 1.8조 원, 주유소 5조 원)에 이를 정도로 비약적인 성장과 발전을 했다. 지금, 대한민국 고속도로 휴게소는 연간 6억 명 정도가 이용하는 것으로 집계된다. 이용객의 숫자적 측면으로 보나, 시설 수준으로 보나, 성장 발전 속도 측면으로 보나, 평균적 수준으로 세계 최고라고 감히 말할 수 있다.

어쩌다 보니 운명적으로 휴게소의 성장, 발전의 역사 속에서 울고,

웃고, 부대끼면서 일평생을 살아왔다. 휴게소 역사 50여 년 중 내가 함께한 40여 년간의 희노애락(喜怒哀樂)을 글로 표현하려고 하니, 글쓰기를 전문으로 배운 것이 아니라 여간 어려운 일이 아니다. 그저 마음에 담긴 것들을 풀어내는 정도의 글솜씨로 세상에 내놓으려니 허점이 보이기도 해 다소 머뭇거림도 있다.

그러나 후일 휴게소 관련 업무를 하는 후배 누군가에게 내가 남긴 글이 토대가 되어 조금 더 나은 책이 나올 수도 있을 것이란 생각으로, 그 후배에게 완성의 책임을 전가하고 조그만 밀알이 되고자 이 책을 쓰기로 결심했다.

추억은 고달픔이나, 배고픔이나, 어려웠던 것들마저 모든 것이 아름답다. 내게 소중하고 그리운 나의 회상과 추억의 반추 속 내용들이 이 책을 보는 분들에게 작은 즐거움이 되고, 더 한가지 욕심을 낸다면 작은 위로가 된다면 더 바랄 것이 없다. 그리고 책 속에 등장하는 내 가족, 동료, 선배, 후배들의 이야기가 그분들에게 누가 되지 않기를 바란다.

역사는 같은 잘못을 범하지 않기 위해 기록하고, 그 토대 위에서 성장하고 발전한다고 생각한다. 난중일기(亂中日記)나 징비록(懲毖錄) 같은 기록처럼. 향후 우리나라 휴게소와 한국의 문화가 휴게소라는 인프라를 수단으로 세계 곳곳에 진출해 한국인의 위상을 높이고, 수출 전진기지 역할을 하는 그날이 오기를 손꼽아 기대한다.

2024년 8월 31일
용인 수지에서, 저자 배종엽

차례

프롤로그 | 책을 내면서 • 4

길 따라 맛 따라 떠나는 여행 - 고속도로 대동 맛 지도

내린천휴게소 • 13
평창휴게소 • 16
홍천휴게소 • 19
괴산(양평방향)휴게소 • 22
안동휴게소 • 25
여주(강릉방향)휴게소 • 28
금왕(양방향)휴게소 • 31
횡성(강릉방향)휴게소 • 34
단양팔경(춘천방향)휴게소 • 38
사천휴게소 • 42
춘천휴게소 • 46
덕평자연휴게소 • 50
치악휴게소 • 53
정안알밤휴게소 • 56
금강휴게소 • 59
통도사휴게소 • 62
속리산휴게소 • 66
행담도휴게소 • 69

곡성기차마을(순천방향)휴게소 • 72

김해금관가야휴게소 • 75

언양(서울방향)휴게소 • 78

칠곡(서울방향)휴게소 • 81

추풍령(부산방향)휴게소 • 84

정읍(광주방향)녹두장군휴게소 • 88

금산인삼랜드(통영방향)휴게소 • 91

입장거봉포도휴게소 • 94

문경(창원방향)휴게소 • 97

오창(하남방향)휴게소 • 100

이천쌀(통영방향)휴게소 • 103

안산복합휴게소 • 106

평택복합휴게소 • 110

안성(부산방향)휴게소 • 115

동해휴게소, 옥계휴게소 • 119

천안삼거리휴게소 • 123

장흥정남진휴게소 • 126

보성녹차휴게소 • 129

수동휴게소 • 132

청통휴게소, 와촌휴게소 • 135

함평천지휴게소, 함평나비휴게소 • 138

진영휴게소, 진영복합휴게소 • 141

춘향휴게소 • 144

벌곡(대전방향)휴게소 • 147

안성맞춤(평택방향)휴게소 • 150

2부

휴게소와 나

제1장 평범한 산골 소년

형 · 159
추억의 어린 시절 · 164
아버지와 산판 사업장의 추억 · 167
수백 마리 닭을 길렀던 양계장 · 169
뜨거운 국이 쏟아진 배에 바른 참기름 · 173
나는 가수다 · 176
가난했지만 아버님은 열혈 학부모 · 179
청운의 뜻을 품고 택한 재수 · 182
해군사관학교에 도전하다 · 185
편물점 '태양모사'와 둘째 형님 내외 · 188
대학 생활의 꽃, 동아리 활동 · 192
'장발'과 '미니스커트' · 197
부마민주항쟁 · 199
철책을 지키던 학군(ROTC)장교 · 203

제2장 휴게소를 만나다

용감한 신입 사원 · 211
배대리와 휴게소 업무 · 216

낫과 곡괭이 그리고 포크레인 · 222
"휴게소를 폭파하니, 현금을 준비하세요" · 225
팔뚝만한 김밥 사건 · 228
센스가 부족한 나 · 230
"경부고속도로를 접수하러 왔어요" · 234
고등학교 친구가 사기를 당하다 · 243
휴게소를 인수한 교장선생님 · 246
신설된 휴게시설 부서의 책임을 맡다 · 249

제3장 고속도로 휴게소의 혁신

"고속도로 휴게소를 혁명하라" · 255
휴게소 민영화와 입찰의 시작 · 261
'ex-주유소' 가격이 저렴한 이유 · 266
고속도로 휴게소 판매장의 변화와 발전 · 273
휴게소의 고급화를 이끈 브랜드 매장 · 276
휴게 문화 해외 진출의 첫발 · 280
실크로드를 선점할 기회가 찾아오다 · 287
고속도로 휴게소 운영 평가 제도 · 295
고속도로 휴게소의 화장실 혁신 효과 · 300
퇴직 후에 여러 가지 창업에 도전하다 · 305
'한국 휴게소 문화개선 연구원' · 311
마지막 농행 · 314

길 따라 맛 따라
떠나는 여행

고속도로 대동 맛 지도

'고속도로 대동 맛 지도'는 저자가
강원교통방송(TBN)의 〈고유림의 두시N휴게소〉 프로그램에서
휴게소의 맛있는 먹거리와 즐거운 볼거리,
그리고 휴게소 주변 관광지를 소개한 방송 내용이다.
2023년 4월부터 2024년 4월까지 매주 일요일 오후 2시에
1년 동안 소개한 휴게소의 다양한 정보와 주변의 관광명소는
알아두면 여행에 큰 도움이 되는 것은 물론
세계 최고로 인정받는 대한민국 고속도로 휴게소의
역사와 문화가 담겨 있다.

매체 | 강원교통방송(TBN)
프로그램명 | '고속도로 대동 맛 지도' 코너
방송 기간 | 23년 4월부터 24년 4월까지
방송 시간 | 매주 일요일 오후 2시 30분 (10분간)
방송 진행자 | 고유림 아나운서
방송 출연 | 배종엽 (한국휴게소문화개선연구원장)

내린천휴게소

　서울-양양고속도로의 내린천휴게소는 교통의 오지로 알려진 인제, 원통에 있다. 예전 군에 입대해 인제, 원통으로 배치되면 "인제 가면, 언제 오나 원통해서 못 살겠네."라는 말이 있던 곳이다. 7년 전에 서울-양양고속도로가 개통되어 이제는 가까운 곳이 되었다.

　내린천휴게소는 2017년 7월에 개장했다. 고속도로 위 상공형 양방향 통합휴게소로, 입체적인 4층 건물에 먹을거리, 볼거리를 모두 갖춘 레저형 휴게소다. 인제군의 도시브랜드 '하늘이 내린 인제군'에 맞춰 '내린천휴게소'로 명명되었다. 전국 휴게소 중 유일하게 천(川)의 이름을 명칭에 사용했다. 4층에는 터널 길이 11km로 국내 최장 터널인 인제터널 홍보관이 있는데, 인제터널의 공사 과정 등을 소개하고 있다.

최초의 상공형 양방향 휴게소로 건립된 내린천휴게소를 상공에서 본 전경

　인제군의 다섯 가지 주요 특산물 황태, 곰취, 오미자, 풋고추, 콩을 '인제 5미'라고 한다. 특산품을 주원료로 만든 '용대리황태국밥'과 '제육뚝배기' 10,000원, '순두부찌개' 9,000원, '등심돈가스' 10,000원 등 인기 메뉴가 보통 9,000원에서 10,000원 수준이며, 실속 상품으로 '콩나물밥' 6,500원이 있다. '용대리황태국밥'은 연간 60,000그릇, '순두부찌개'는 70,000그릇, '제육뚝배기'는 50,000그릇, '등심돈가스'는 80,000그릇 정도 판매되며, 특히 순두부찌개는 속초나 강릉 순두부 전문 식당에서 먹는 맛에 못지않다는 평이 있다.

　휴게소 주변 유명 관광지는 내린천을 따라서 가다 보면 10km 거리에 국립 방태산자연휴양림이 있다. 주봉인 '구룡덕봉'과 '주옥봉'

에서 흘러내리는 수량이 풍부해 2단 폭포 전경이 수려하다. 또 휴양림에는 휴양관, 야영장, 정자, 등산로, 삼림욕장, 자연관찰원 등 시설이 있고 주변에 백담사, 장수대, 방동약수, 조경동계곡 등의 관광지가 있다.

이외에 유명한 관광지 '인제 원대리 자작나무 숲'도 볼만하다. 원대리 일대의 산 40여만 평에 70여만 주의 자작나무가 숲을 이루고 있다. 경치가 수려해 연간 40여만 명(2019년 기준)의 관광객이 다녀간다. 산림청에서 탐방객 분산을 목적으로 기존 숲길 인근 계곡의 자작나무숲에 달맞이 숲길 5km를 조성해서 운영하고 있다. 숲길에는 '등산지도자'가 탐방객이 안전하고 즐겁게 숲길을 이용할 수 있도록 도와준다.

유명 관광지의 휴양 시설처럼 고급스러운 내린천휴게소 내부 시설

평창휴게소

영동고속도로에 있는 평창휴게소는 대관령과 가깝고, 인근에 목장이 여러 곳 있고 메밀꽃 군락지와 송어회도 유명한 지역이다. 양방향의 평창휴게소는 모두 2018년 2월에 개최된 평창 동계올림픽을 대비해 대대적으로 리모델링을 해서 시설이 세련되고, 특히 화장실은 고품격으로 재단장했다.

평창휴게소 강릉방향은 '평창애(愛)휴게소' 인천방향 휴게소는 '평창자연휴게소'다. '평창애(愛)휴게소'의 화장실은 화장실 앞에 동계올림픽의 스키점프대를 배경으로 포토존이 있다. 동계올림픽 종목의 경기방식 설명과 종목별 피규어도 전시하고 있다. 또 동계올림픽 마스코트였던 백호(수호랑)와 반달곰(반다비)을 배경으로 한 포토존도 있다.

평창동계올림픽의 추억을 가진 영동고속도로의 평창휴게소

　주요 먹거리는 강릉방향 '평창애(愛)휴게소'는 대관령한우와 평창 메밀 새싹으로 만든 '한우불고기비빔밥' 9,900원과 채식주의자들을 위한 '플랜트고추장비빔밥' 12,000원이 있다. 인기 간식 '대관령양 빵' 4,000원은 양 모양의 붕어빵이라고 생각하면 된다. 매출은 '한우 불고기비빔밥'이 연간 약 20,000그릇, '고추장덮밥'이 약 25,000그 릇, '대관령양'빵이 약 5,000만 원 정도 판매된다. 인천방향의 '평 창자연휴게소'는 강원도 감자의 담백함이 일품인 '금바우장칼국수' 7,700원, '황태구이정식' 16,000원, '평창한우국밥' 10,000원이 주 요 메뉴다.

　평창휴게소 주변 관광지는 인근에 우리나라 단편 문학의 백미로

1부 | 길 따라 맛 따라 떠나는 여행　17

알려진 〈메밀꽃 필 무렵〉의 작품 무대이며 이효석 선생이 태어나 자란 봉평의 이효석 문화마을이 있다. 이곳에는 생가터, 물레방앗간, 충주집, 가산공원, 기념관, 메밀향토자료관이 있으며, 소설 속 배경 그대로 메밀꽃이 많이 있는 곳으로 1990년도에 문화관광부로부터 전국 제1호 문화마을로 지정되었다.

대관령 양떼목장도 평창에 가면 가봐야 할 명소 중 한 곳이다. 강원도 평창군 대관령면에 있는 이 목장은 한국의 알프스라 불리는 우리나라 최초의 양목장이다. 부드러운 능선을 따라 조성된 1.2km의 산책로 해발 850m에 있는 넓은 초원에서 300여 마리의 양 떼가 한가롭게 뛰어노는 풍경은 뉴질랜드나 호주의 대초원 못지않은 목가적인 정취를 풍긴다. '먹이주기 체험'을 할 수 있는 곳으로 연간 약 60여만 명의 관광객이 방문하고 있다. 참고로 이곳은 평창애(愛)휴게소 이용객 할인권이 있다.

강릉방향인 평창애(愛)휴게소에 가면 인근 관광지 할인 프로그램이 있다. 10,000원 이상 휴게소 구매영수증을 가져가면 입장료 할인 혜택을 받을 수 있다. 자세히 소개하면 대관령 하늘목장은 입장 요금의 30%, 알펜시아는 스키 임대료를 30%, 대관령양떼목장 입장료의 21%, 홍천 동키마을 입장료의 23%, 알파카월드는 입장료의 10%를 할인 받을 수 있다. 이 제도는 한국도로공사 강원본부에서 추진하고 있는 사업으로 지역 경제 활성화 차원에서 강원권 관내에 모든 휴게소에서 진행하고 있다. 이용 고객의 반응이 좋고, 휴게소 설치 운영 목적에도 부합해 향후 강원권 내에 관광지 50여 개로 확대하여 진행할 계획이다.

홍천휴게소

　서울-양양고속도로에 있는 '홍천휴게소'는 서울에서 고속도로를 출발하여 80km 지점에 있으며 양양과 속초 등 동해안으로 가는 중간지점에 있다. 홍천휴게소 양양방향은 뒤편에 공작산이 있어 전망이 좋은 휴게소다. 공작산을 배경으로 하는 포토존에서 많은 이용객이 사진을 찍어 SNS에 올리는 곳이다.

　특히 이곳은 '반려동물 콘테스트' 이벤트를 진행한다. 반려동물 사진을 찍어서 게시하면 선발하여 상품을 주는 행사도 있다. 주유소 내 화장실도 고품격으로 개축해, 꽃과 그림이 있고 향기와 음악이 흐르는 화장실을 만날 수 있다. 다른 고속도로 주유소로 확산하며 새로운 문화로 자리매김하면 좋겠다.

먹거리는 국내산 닭 다리 살로만 조리하는 '홍천닭갈비화로구이' 12,000원이 인기가 높다. 개그우먼 이영자가 방송프로그램에서 추천한 메뉴로, 전국 휴게소에서는 중 유일하게 직접 화로에 조리하며 먹을 수 있는 메뉴다. 맛도 일품이고 따뜻하게 먹을 수 있어서 고객들의 반응이 좋다. 시중에서는 13,000~14,000원 정도니 가성비도 좋은 편이다. '홍천잣도가니탕' 15,000원은 홍천에서 생산되는 잣에 도가니를 듬뿍 넣어 만든 신메뉴로 시중가 17,000~18,000원과 비교하면 가성비가 좋다. 강원도에서 인증한 유기농 나물만 사용하여 만든 '강원도산골나물비빔밥' 9,000원이 있다.

휴게소 주변 관광지는 '홍천 동키마을'이 있다. 원래 '동키'는 작은

서울양양고속도로의 아담한 쉼터 홍천휴게소는 볼거리와 맛있는 먹을거리가 다양하다.

갈색 말을 지칭하는 것이다. 당나귀를 직접 보고 탈 수도 있다. 먹여주기 체험과 수려한 홍천강의 풍경과 강변의 분위기를 만끽할 수 있다. 홍천휴게소의 구매영수증을 가져가면 입장료를 할인해 준다. '알파카월드'도 있다. 알파카는 호주나 남미 지역에 야생하는 특이하게 생긴 동물이다. 먹이를 받아먹는 알파카 입술이 부드럽고 감촉이 좋아서 '먹이주기 체험'은 방문객들의 관심이 크다. 독수리 피딩쇼, 앵무새 판타지쇼 등 공연도 있다. 단, 공연 시간을 사전에 확인하는 것이 좋다. 이곳도 홍천휴게소 영수증을 가져가면 입장료가 할인된다.

한국도로공사에서 5월 어린이날 연휴와 석가탄신일 연휴에 정부 내수 활성화 대책 일환으로 국민 여가 활동 지원을 위한 전국 휴게소 프로모션을 추진한다. 첫째로, 실속 상품을 확대하여 간식류를 8%에서 최대 33% 인하한다. 기존에 있는 실속 상품을 5종에서 10종으로 확대하여 가격을 할인할 예정이다. 둘째로, 고객을 대상으로 이벤트 및 사은품 행사를 시행하는데. 휴게소 상품 구매 고객을 대상으로 선정해 태블릿, PC 등의 사은품을 준다. 또한 세차 요금 할인과 2만 원 이상 고객은 생수 무료 제공 등의 프로모션을 진행한다고 한다. 셋째로, 위에서 안내한 휴게소 인근 관광지와 협업하여 지역관광 연계 할인 프로그램을 전국에 확대하여 진행할 예정이다. 휴게소 자체적으로도 다양한 이용 활성화 방안을 마련하여 시행할 예정이다.

괴산(양평방향)휴게소

중부내륙고속도로에 있는 괴산(양평방향)휴게소는 중부내륙고속도로 창원 기점 203.8km 지점의 휴게소로 연간 매출은 75억 원 정도 하는 대형휴게소다. '구름이 머무는 괴산휴게소'라고 불리는데 휴게소의 지대가 높아 구름이 많아 붙여진 이름이다.

괴산휴게소는 '엄나무닭곰탕'이 유명하다. 관절염 등 염증 해소와 피로 해소 약재로 많이 사용하는 두릅나무의 일종인 엄나무를 끓여 만든 육수에 야들야들한 닭의 살코기가 듬뿍 들어가고 당면과 달걀지단, 파를 많이 넣은 가성비 좋은 메뉴다. 뛰어난 영양소와 고기의 식감, 특유의 향과 맛으로 '1 표고, 2 능이, 3 송이'는 말이 있는 '표고버섯비빔밥'도 인기 메뉴다. 표고버섯은 '농산물우수관리 인증'과 '무농약 인증'을 받은 지역 생산 제품을 사용하며, 2022년도에 도로

지대가 높아 구름이 많은 괴산휴게소 전경. 독특한 식사 메뉴와 루왁커피가 유명하다.

공사의 ex-food에 선정되었다.

판매 가격은 '엄나무닭곰탕' 8,000원, '표고버섯비빔밥' 8,500원이다. 시중에 비해 좋은 재료가 듬뿍 들어가 가성비가 높은 메뉴로 연간 매출은 엄나무닭곰탕이 1억 5천만 원, 표고버섯비빔밥은 2억 2천만 원 정도다. 이곳은 사향고양이가 커피 열매를 먹고 배출한 배설물에서 원두를 세척하여 로스팅한 '루왁 커피'를 판매한다. 가격은 원액 100% 15,000~20,000원. 원액 10% 4,000원, 15% 5,000원, 20% 6,000원, 30% 7,000원, 40% 8,000원, 50% 9,000원이다. 고속도로 휴게소 최초로 루왁 커피를 판매하는 곳으로, 맛이 독특하여 이 커피를 마시기 위해 찾아오는 마니아 고객이 많다.

휴게소 주변 관광지는 '삼막이옛길'과 '화양구곡'이 있다. 먼저 삼막이옛길은 괴산IC에서 약 10km 지점, 차로 30분 거리이다. 이곳은 삼막이마을까지 연결되었던 10리 길을 옛길로 복원한 산책로이며 산과 물, 숲이 어우러진 아름다운 괴산의 백미라 할 수 있다. 걷거나 괴산호수의 유람선을 타고 연화협 구름다리까지 돌아보는 코스는 걷는 재미, 유람선을 타는 재미, 보는 재미가 어우러진 괴산의 명소여서 가족과 함께 가도 좋다.

화양구곡은 중부고속도로 증평IC에서 직선거리로 30km, 중부내륙고속도로 연풍IC에서는 18km 지점에 있다. 이곳은 괴산군 속리산 국립공원 내에 있는 화양천을 중심으로 약 3km에 걸쳐 있는 아홉 계곡을 통칭한다. 하류에서부터 순서대로 1곡부터 9곡까지 있으며, 조선 후기의 문신인 우암 송시열과 연관 있는 유적들이 있다. 좀 자세히 소개하면 '제1곡 경천벽'은 기암괴석이 가파른 모양으로 솟아 있으며, '제2곡 운영담'은 맑은 날은 구름의 그림자가 비친다고 하여 이름을 붙였고, '제3곡 읍궁암'에는 송시열이 효종의 승하를 슬퍼하며 통곡했다는 이야기가 있다. '제4곡 금사담'은 금싸라기 같은 모래가 있어 이름이 지어졌다. '제5곡 첨성대' '제6곡 능운대' '제7곡 와룡암' '제8곡 학소대' '제9곡 파곶' 모두 수려한 자연경관과 조선시대의 유교 관련 유적이 조화를 이룬 명승지다.

안동휴게소

안동휴게소는 중앙고속도로 부산 기점 190km에 자리한다. 1995년 8월 중앙고속도로 개통 시에 '낙동휴게소'로 오픈하여, 2005년부터 안동휴게소로 명칭이 변경되었다. 연간 매출은 안동(부산방향) 57억 원, 안동(춘천방향) 72억 원 정도인 대형휴게소다.

안동 지역은 다양한 지역 문화가 많은 지역이라 휴게소 내에 문화체험관을 만들어 지역 문화콘텐츠를 소개하고 체험할 수 있도록 운영 중이다. 문화콘텐츠 체험 코너는 안동 여행 내비게이션을 통해 안동의 다양한 곳을 볼 수 있고 '베틀 소리'와 '안동 시투리'를 들을 수 있다. 또한 이곳은 안동지역 공예조합원들의 작품을 전시하고 하회탈 제작 체험, 한지공예, 점토 공예 등 체험과 수업이 있다. 매주 토·일요일에 입주 작가들이 직접 참여해 체험 프로그램을 운영한다.

안동휴게소의 체험관에는 다양한 안동 문화 컨텐츠와 매 주말 지역 작가들과 함께 안동문화를 체험할 수 있는 프로그램을 운영한다.

안동휴게소에는 널리 알려진 지역 특산품 '안동간고등어정식' 11,000원이 있다. 다시마 진액으로 맛을 내고 완벽하게 간을 맞추어 감칠 맛있게 숙성시키고 화덕으로 구워 낸 이동삼간고등어와 공기밥, 나물, 우엉이나 멸치, 김치, 된장국, 김, 달걀 등이 제공되며 연간 매출은 1억 3천만 원(양방향) 정도다.

안동휴게소 춘천방향은 '하회탈호두과자' 3,000~5,000원을 판매한다. 들어가는 재료는 일반 호두과자와 같으나 안동하회마을의 하회탈춤에 등장하는 하회탈을 본떠 만든 과자다. 화회탈, 양반탈, 부네탈 모양의 재미나고 익살스러운 표정의 호두과자를 전국 휴게소 중에 유일하게 판매하고 있다. 매출은 연간 2억 7천만 원 정도다.

휴게소 주위 관광지는 마을 전체가 유네스코 세계문화유산으로 지정된 '안동하회마을'과 '도산서원'이 있다. 서안동IC에서 약 9km, 차로 30분 거리의 안동 하회마을은 600여 년간 명맥을 이어온 명문대가 풍산 류씨 집성촌이다. 한국의 미와 전통이 살아있는 숨 쉬는 역사 마을이라고 할 수 있고, 2020년 3월에 영국 여왕 엘리자베스 2세가 방문해서 화제가 되었다. '하회'라는 이름은 마을 주위를 감싸 안고 흐르는 낙동강의 모습이 한자 '회'자와 비슷하다고 하여 붙여졌는데, 풍수지리학적 관점에서는 마을이 물 위 떠 있는 연꽃의 형상과 같다고 하여 길지(吉地)로 꼽힌다. 현재 남아 있는 100여 채의 전통 한옥 중에는 아직 초가집이 있으며 그 가운데 12채가 보물 및 중요민속자료로 등록되어 있다. 또 서민들의 놀이였던 '하회별신굿탈놀이'와 선비들의 풍류놀이였던 '선유줄불놀이'를 매일 공연하고 있다. 입장료는 성인 5,000원, 어린이 1,500원, 단체와 군경은 할인이 있다.

근처의 이황이 직접 거처하며 제자들을 가르치던 '도산서원'은 중앙고속도로 서안동IC에서 직선거리로 35km 지점에 있다. 조선시대 사설 교육기관으로 유네스코 세계문화유산 중 한국의 서원으로 등재된 9곳 중 한 곳이다. 이곳은 1,000원 지폐의 주인공인 '퇴계 이황'이 벼슬을 사양하고 책을 읽던 곳으로 많은 후학에게 교육을 펼친 곳이다. 또한 1,000원 지폐 뒷면 배경 지역도 여기에 있다. 퇴계 이황은 율곡 이이와 함께 우리나라 조선시대 성리학자의 정신적 지주였던 인물로 최종관직은 '성균관 대사성' 요즘 관직으로 보면 국립대 총장 격이다.

여주(강릉방향)휴게소

강원도로 진입하는 영동고속도로 인천 기점 86km에 자리한 '여주휴게소'는 1971년 12월 오픈했고, 볼거리를 제공하고 안보 의식 고취를 위해 국방부와 협의하여 대한민국 공군에서 실제 사용하였던 전투기를 전시하고 있다. 1971년 12월 영동고속도로 신갈에서 새말까지 개통 시에 '가남휴게소'로 오픈하였으나 1990년대 후반부터 '여주휴게소'로 변경되었다.

여주(강릉방향)휴게소는 1971년 12월 영동고속도로 신갈에서 새말까지 개통 시에 '가남휴게소'로 오픈하였으나, 1990년대 후반부터 90년대 후반 '여주휴게소'로 변경되었다. 연간 매출은 185억 원 정도로 전국 휴게소 중 10위권의 대형휴게소다. 건물의 규모도 2,500여 평으로 전국 휴게소 중 일 방향으로는 두 번째로 큰 규모다. 여주휴게소의 팬텀 전투기(f-4d)가 전시된 포토존은 많은 고객이 전투기를 배경으로 찍은 사진을 SNS에 올리는 핫플레이스다. '야구연습장'은 장시간 운전으로 인한 무료감을 달래고 교통사고 예방에 도움이 되는 시설이다. 또 도자기가 유명한 여주 이천 지역의 특색을 살린 휴게소 2층의 '도자기 전시관'에서는 지역 유명 작가들의 주요 작품을 전시하여 무료로 관람할 수 있다.

여주휴게소의 먹거리로는 '여흥옥설렁탕' 9,500원, '여흥옥얼큰설렁탕' 10,000원이 있다. 매운 것을 좋아하면 얼큰설렁탕을 추천한다. 고객이 많이 찾는 메뉴로 '용대리황태해장국' 10,000원은 용대리 덕장에서 겨울에 얼고 녹고를 반복하며 말린 황태를 1시간 이상 끓이고 무를 많이 넣어 맛이 시원하고 깔끔하다. 간식으로 '시그니

주변에 세종대왕릉이 있는 여주휴게소는 여주와 이천 지역 특색을 담고 있는 휴식 공간이다

처 반미' 7,000~9,000원의 샌드위치가 있다. 반미는 베트남어로 빵이라는 뜻이며 빵 속에 신선한 상추, 무, 당근, 양파 절임 등을 넣어서 만든 퓨전 음식이다. 이 제품은 종합 TV 매체에서 별미 먹거리로 방영되기도 했다.

여주휴게소 주변의 '세종대왕릉'은 영동고속도로 여주IC에서는 8km, 중부내륙고속도로의 서여주IC에서는 2km 지점에 있어 접근이 쉽다. 10,000원 권의 주인공이고 우리 민족의 빛나는 유산인 한글 창제의 위대한 업적이 있는 세종대왕이 영면하고 있는 왕릉을 찾으면 주차장 앞으로 세종대왕 역사문화관이 보인다. 운영시간은 09시부터 17시 30분이며, 매주 월요일은 휴무다. 입구에서 왕릉까지의 거리는 대략 600m 정도 되는데. 가는 길에는 세종 16년에 만들어진 해시계인 앙부일구, 물시계인 자격루, 세종 19년에 만들어진 휴대용 해시계 천평일구 등을 볼 수 있다. 민족의 성군 세종대왕의 업적을 살펴볼 수 있는 전시실에는 한글 창제에 대한 동영상을 시청할 수 있다.

여주에서는 매년 도자기 축제가 열린다. 장소는 영동고속도로 여주IC에서 5km 정도, 중부내륙고속도로 서여주IC에서는 6km 지점에 있어 신륵사 관광지 일원이다. 코로나로 수년 동안 개최하지 못하다가 싱그러운 봄의 생동감과 희망의 새싹이 움트길 바라는 마음을 담아 3년 만에 도자기 축제가 개최되었다. 도자기 전시 판매와 전통 장작가마 체험, 도자기 만들기 체험행사 등 다양한 볼거리와 즐길거리 먹을거리가 있다.

금왕(양방향)휴게소

평택-제천고속도로에 있는 '금왕휴게소'는 '금 생산이 왕성한 고을'이라는 뜻의 '금왕' 지역명을 이름에 사용했다. 2013년 8월 평택-제천고속도로 중 대소-충주 구간이 완공할 때 오픈했다. 교통량이 적을 것으로 예측해 소규모 휴게소로 개소하였으나 지금은 교통량이 늘어 규모를 많이 증축하여 운영 중이다.

금 광산이 많은 지역의 금왕휴게소는 영동고속도로 평택 기점 70km가 있는 휴게소로 백두대간의 지류인 '한남금북 정맥'과 등산로로 연결되어 '향토 시인의 길'이 조성되어 있다. 지역 TV 매체에서 고객이 힐링할 수 있는 자연 친화적 휴게공간으로 소개했다. 또한 편백나무로 만든 수유실은 공기청정기를 비롯한 각종 비품이 준비되어, 엄마와 아기들이 쉬어 가기 좋은 곳이다.

자연 친화적 금왕휴게소는 등산로로 연결되는 '향토시인의 길'과 수유공간이 쾌적하게 잘 조성되어 있다.

대표메뉴로 '금왕인삼솥비빔밥' 10,500원, '수제찹쌀꽈배기' 5,000원이 있다. '금왕인삼솥비빔밥'은 인삼, 치커리, 콩나물, 고사리, 표고버섯, 및 계절 나물을 넣어서 만든 비빔밥으로 음성군의 특산물인 인삼이 첨가된 건강식으로 한국도로공사에서 선정하는 명품 ex-food로 선정된 메뉴다. '휴게도사 이영자가 먹고 간 수제 찹쌀 꽈배기'라는 안내표시가 있는 '수제찹쌀꽈배기'는 고객들이 항상 줄을 서서 먹는다. 기름기가 적고, 바삭바삭하고 부드러운데 적절한 온도와 시간을 잘 맞추고 제일 중요한 비결은 주문하면 바로 기름에 튀기는 것이다. 원하면 무설탕으로 제공된다. 또 요즈음 대세인 '로봇 무인 커피' 판매시설을 24시간 가동해, 심야 시간에도 다양한 종류의 '바로 내린 커피'와 각종 주스와 음료를 4,500~5,000원에 판매한다.

'금왕휴게소' 주변에는 '음성 꽃동네'가 있다. 약 3,000명의 사회적 약자들이 모여 있는 곳으로 많은 독지가가 자원봉사를 한다. 위치는 평택-제천고속도로 금왕 꽃동네IC로 나가면 바로 접근할 수 있다. 한국도로공사에서 전국 휴게소 맛 자랑 대회를 꽃동네에서 개최하여 만든 음식을 같이 나누어 먹기도 했다. 사회적 관심이 필요한 곳으로 생각해 소개한다.

평택-제천고속도로 음성IC에서 5km 지점에 있는 큰 바위 얼굴 테마파크를 소개한다. 1관부터 20관까지 주제별로 나누어 조각품을 전시한 이색적인 공원이다. 1,000여 점의 세계 각국 유명 인사들의 조각품을 전시하고 있다. 한국과 아시아 지도자, 세계의 성인과 노벨 평화상 수상자, 우리나라 역사 위인과 종교 지도자 등 다양한 주제로 조성된 산책로를 따라 조각상을 전시 중이어서 가족 여행객들이 산책하며 관람하기 좋은 곳이다.

끝으로, 급속하게 늘어나는 전기차와 수소차를 위한 충전소 증설을 알아본다. 전기차 충전소는 현재 전국 고속도로 휴게소 230개소에 모두 다 설치되어 있다. 그러나 전기차가 급속히 증가하는 추세여서 부족한 실정이다. 도로공사에서는 고속도로에 올 연말까지 1,400여 기를 추가 설치하는 공사를 진행 중이다. 특히 신규로 설치하는 전기 충전시설은 '급속 충전' 시설이라고 한다. 수소차 충전소는 고속도로에 노선별로 안배하여 35기의 설치를 완료하여 운영 중이며, 2025년까지 25기를 더 설치 운영하여 불편함이 없도록 할 계획이다.

횡성(강릉방향)휴게소

　강원도 중앙을 지나는 영동고속도로 인천 기점 153km의 '횡성(강릉방향)휴게소'는 1971년 12월 영동고속도로 신갈-새말 구간 완공과 함께 '소사휴게소'로 오픈했으나 1990년대 후반부터 지자체의 홍보 목적에 따라 '횡성휴게소'로 명칭을 변경했다.

　처음 오픈한 휴게소 건물은 고속도로를 등지고 있었으나 건물이 노후되고 야간에 진출 차량이 방향을 잘못 잡아 휴게소 입구로 나가는 역주행 사고 등으로 2017년에 건물을 맞은편으로 이전하며 대형 규모로 신축했다. 경기도 광주-원주고속도로인 제2영동고속도로가 2016년도에 신설되어 교통량이 증가해 연간 매출은 138억 원 정도인 대형휴게소다.

　횡성(강릉방향)휴게소는 영동선의 환승휴게소다. 강원도로 가는 이용객들이 고속버스 터미널에서 횡성휴게소까지 오면 원하는 도시로 가는 고속버스를 갈아탈 수 있다. 환승휴게소는 전국에 11개 소가 운영 중이며, 시간적으로나 경제적으로 편리한 시스템이다. 향후 환승휴게소의 개념을 더욱더 발전시켜 인근 도시와 연계하는 시스템으로 발전시키면 아주 편리하고 지역발전에도 도움이 되는 시스템이 될 것으로 기대한다.

유명 화가 이중섭 작가를 테마로 만든 횡성(강릉방향)휴게소 화장실은 횡성한우를 홍보하기 위해 만들었는데, 소를 주제로 한 이중섭 작가의 다양한 작품을 볼 수 있다. '블랙앤화이트'를 콘셉트로 미술관처럼 꾸민 인테리어가 독특하다. 또한, 휴게소 내부에 횡성지역 홍

영동고속도로에서 고속버스 환승이 가능한 횡성휴게소는 강원도 지역의 원하는 도시로 가는 고속버스로 갈아탈 수 있다.

강릉방향 도시로 갈아탈 수 있는 횡성휴게소의 환승센터

보관이 설치되어 있어 지역 관광지를 미리 알아보는 시설도 있다. 횡성휴게소에는 급속 충전할 수 있는 전기차 충전소가 8대 설치되어 있어서 전기차 운전 고객들이 편리하게 이용 중이다.

횡성(강릉방향)휴게소의 인기 메뉴로 '횡성한우떡더덕스테이크' 15,000원, '횡성한우 국밥' 9,500원, 그리고 강원도 하면 대표 간식인 '회오리감자' '안흥찐빵' 4,500원이 있다. 〈한국인의 밥상〉과 〈전지적 참견 시점〉에 방송되어 폭발적인 관심을 끌었던 '횡성한우떡더덕스테이크'는 한우 스테이크와 횡성더덕 수프, 곤드레나물 등 지역 특산물로 만들었다. 더불어 '안흥찐빵'은 휴게소 인근지역의 특산메뉴로 많이 알려진 메뉴이고, '회오리감자'는 강원도 특산재료인 감자를 회오리처럼 잘라서 기름에 튀긴 인기 간식이다.

휴게소 주변 새말IC를 나와 42번 국도로 달리다 보면 21km 떨어진 곳에 '안흥찐빵마을'이 있다. 예전 어려울 때 미국에서 지원하는 밀가루에 지역에서 생산되는 팥으로 찐빵을 만들어 팔던 것이 유래되어 마을 전체가 안흥찐빵마을이 되었다. 안흥시외버스터미널을 지나서 411번 지방도를 따라가다 보면 '도깨비도로'가 있다. 길가에 "도깨비 출몰"이라는 섬뜩한 간판도 보인다. 이 도로는 주위 지형, 지물에 의한 착시현상으로 내리막처럼 보이나 실제로는 오르막길이며 체험 구간은 70m 정도다.

멋진 관광지와 맛있는 먹거리도 중요하지만 여름철이 되면 음식점에 각별한 관심을 가져야 한다. 음식을 파는 곳은 어디나 위생에 많은 신경을 쓰지만 특히 고속도로 휴게소는 한국도로공사와 지자체 식약청에서 특별히 관리하고 있다. 도로공사에서는 외부 전문기관에 위탁하여 상시 위생관리 상태를 확인하기 때문에 고속도로 휴게소는 위생관리 측면에서는 호텔 수준이다. 해서 지자체에서 시행하는 위생 등급제에서 대부분이 '식품위생 최우수 매장'으로 지정받고 있다. 변질 우려와 세균검출 우려 때문에 여름철 휴게소에서 잘 판매하지 않는 품목이 있는데 바로 '김밥'과 소프트아이스크림이다. 냉동 김밥은 판매한다. 세균검출 정도를 고려해 식품위생법을 탄력적으로 적용할 필요성이 있다.

단양팔경(춘천방향)휴게소

　대구와 춘천을 잇는 중앙고속도로의 '단양팔경(춘천방향)휴게소'의 가장 큰 특징은 국보 문화재를 만나볼 수 있는 것. 휴게소 건물 뒤쪽 오솔길을 따라가면 국보 198호 '신라 적성비'가 있다. 더 올라가면 사적 265호 '신라 적성'이 있다. 2001년에 오픈 초기에는 '단양휴게소'였으나 2019년 9월부터 '단양팔경휴게소'로 변경했다.

　'신라 적성비'는 신라 진흥왕이 단양 일대의 고구려 영토를 차지한 뒤, 공을 세운 인물들을 치하하며 세운 비석이다. 당시 축성된 단양 적성은 둘레가 약 900m에 이르는 산성이지만 지금은 안쪽 성벽 일부만 남아 있다. 단양팔경(춘천방향)휴게소의 연간 매출은 30억 원 정도의 중규모 휴게소이며, 야간에 빛나는 보물 '별빛테마공원'이 자랑거리다. 밤하늘에 무수히 쏟아지는 별빛은 잊지 못할 추억으로 남는

단양팔경휴게소는 신라 진흥왕의 영토확장을 기념하는 국보 198호 문화재 '신라적성비'를 만날 수 있다.

다. 이곳은 공기도 맑고 주변이 산으로 둘러싸여 있어 고즈넉한 느낌을 받으며 힐링을 할 수 있다. 휴게소에서 주변을 조망할 수 있는 망원경을 무료로 대여 해준다. 10,000원 이상의 휴게소 영수증을 편의점에 보여주면 인근 관광지 할인권도 제공받을 수 있으니 참고하자.

단양팔경(춘천방향)휴게소 주메뉴는 '마늘왕돈가스' 11,000원이 있다. 튀긴 마늘 후레이크를 뿌려주는 돈가스가 크기도 하고 맛도 있어 인기가 많다. 마늘을 이용한 메뉴가 많은 것은 남쪽 지방에서 많이 재배되던 마늘이 기후 변화로 현재는 단양 근처에서 많이 재배되고 있어, 지역 특화 메뉴를 많이 개발했기 때문이다. 또한 실속 상품 한식으로 '사골우거지국' 6,500원이 있다. 간식류로는 '실속소시지'

2,500원이 있는데 상당히 가성비가 높다. '1 휴게소 1 지역 맛집 유치 사업'으로 '백년가게'로 유명한 '금강 설렁탕'을 도입 중이다.

단양은 예로부터 '단양팔경'이 유명하다. 단양팔경에는 하선암, 중선암, 상선암, 사인암, 구단봉, 옥순봉, 도담삼봉, 석문이 있는데 이 중에서 4곳을 소개한다. '구담봉(龜潭峰)'은 단양 서쪽 8km 지점인 단성면 장회리(長淮里)에 있으며, 남한강을 따라 깎아지른 듯한 장엄한 기암괴석으로 그 형상이 마치 거북 같다 하여 구봉(龜峰)이라고도 한다. '옥순봉(玉筍峰)'은 단양 서쪽 9km 지점의 장회리에 있으며 그 솟아오른 봉우리는 자유분방하고 기상천외하여 예로부터 소금강(小金剛)으로 불린 곳이다. 우후죽순같이 솟아오른 천연적 형색이 희다

진흥왕의 영토확장을 기념하는 신라적성비. 국보 198호로 지정되었다.

하여 옥순봉이라 한다.

'도담삼봉(嶋潭三峰)'은 단양 북쪽 12km 지점의 단양읍 도담리에 있으며 남한강의 수면을 뚫고 솟은 세 봉우리를 말한다. 조선의 개국 공신 정도전(鄭道傳)이 이곳에 은거하였으며, 자신의 호를 이 도담삼봉에서 본떠 삼봉이라고 지었다고 한다. '석문(石門)' 한 곳을 더 소개한다. 단양 북쪽 12km 지점의 도담삼봉 하류에 있으며 남한강 변에 높이 수십 척의 돌기둥이 좌우로 마주 보고 서 있는 위에 걸린 돌다리가 무지개 형상을 하고 있다.

고속도로 휴게소는 국가시설로 운영업체는 운영권만 입찰로 5년 동안 부여받아 운영하고 임대보 증금과 매출액에 따른 임대료를 납부한다. 관리기관인 도로공사는 운영을 잘하는 업체는 운영 기간을 연장해 주고 운영이 부실한 업체는 운영권을 회수하는 '서비스 평가 업무'를 외부 분야별 전문기관에 위탁하여 시행한다. 운영업체에서는 계속 운영권을 보장받기 위해서 수익이 적더라도 평가에 우수한 성적을 내도록 고객의 불편한 사항을 사전 해소하고 서비스나 품질을 강화하는 등 큰 노력을 기울인다. 해외에서 부러워하는 휴게소 화장실, 상품 품질 유지, 주유소의 저렴한 판매 가격 등이 모두 평가에 반영된다. 최근 인건비 부담이 가중되고 화장실과 주차장 관리, 쓰레기 처리 등의 공용시설 관리 비용이 과중해져 결손 운영 휴게소가 많이지는 추세여서 별도의 휴게소 관리 개선 방안 도입이 필요한 실정이다.

휴게소

사천휴게소

 호남-남해고속도로 순천 기점 57km 지점의 산과 바다가 어우러진 남해안의 관문 '사천휴게소'는 광주에서 출발해 섬진강을 지나 사천시에서 만나게 된다. 사천공항과 항공 산업의 메카라는 수식이 붙어있고 또한 인근에 있는 삼천포 항구가 유명하다.

 '사천휴게소'는 우주항공을 테마로 부산방향은 T-37C 훈련기가 있고, 순천방향은 팬텀 F-4D Rk 전투기가 전시되어 있다. 특히 하늘 그리고 꿈을 테마로 우주선 헬리콥터 등의 모형과 항공기 변천 과정을 소개하는 '항공우주전시관'이 있다. 고객 맞춤형 편의시설로 '장애인 원스톱 서비스'와 항공 우주 테마가 담긴 문화 화장실, 아가와 엄마가 행복한 수유실이 있다. 고객이 대표메뉴를 선택하면 자동으로 500원이 기부되는 '4계절 사랑 나눔 대형 온도계' 이벤트를 진행

산과 바다가 어우러진 남해안의 관문 '사천휴게소'는 양방향 모두 실전에 사용했던 전투기를 전시하고 있다.

하는 나눔휴게소다. 맛있는 식사도 하고 좋은 일도 할 수 있어 고객 반응이 좋다.

강된장 특제 소스에 열무, 콩나물, 새싹, 새싹 삼 2뿌리, 양배추, 상추 등이 들어가는 '새싹삼 힐링비빔밥' 9,000원은 고객과 전문가가 선정한 ex-food에 3년 연속으로 선정된 메뉴다. 특히 '새싹 삼'은 휴게소에서 직접 재배한 재료를 사용한다. '건강버섯두부덮밥' 7,000원은 두부와 송이버섯, 표고버섯, 청경채, 당근 파프리카 등이 들어가며 요즈음 입맛을 반영한 건강 메뉴로 가성비가 좋다. 간식류로는 전통적인 한국의 부침개를 현대적으로 해석한 '전통수수부꾸미' 4,000원이 인기다. 국내산 수숫가루와 찹쌀가루를 조합하여 부드럽고 고소한 맛과 달콤한 팥앙금으로 맛과 풍미를 더해 선호하는 고객이 많다.

사천의 관광명소는 '사천바다케이블카'와 살아있는 공룡의 후예 슈빌과 초대형 하마 등 400여 종의 희귀동물을 만날 수 있는 '아라마루 아쿠아리움' 삼천포항에서 산분령까지 5.8km의 '박서진 길' 낙조로 유명한 '실안해안도로' 별주부전의 전설이 서린 '비토섬' 등 다채로운 볼거리와 먹거리가 가득하다.

'사천바다케이블카'는 산과 바다, 섬을 연결하는 케이블카로 길이 2.43km의 구간을 멋지게 이용할 수 있다. 매표소가 있는 '대방 정류장'에서 시작하여 아쿠아룸이 있는 '초야 정류장' 옥상 전망대가 있

우주선, 헬리콥터 모형과 항공기 변천 과정을 소개하는 사천휴게소의 '항공우주홍보관'

는 '갈산 정류장'까지 각각의 정류장에 승·하차하면서 산과 남해의 아름다운 전경과 다양한 볼거리가 있는 이색적인 관광콘텐츠를 즐길 수 있다.

팬들 사이에서 '장구의 신'으로 불리는 가수 박서진의 이름이 붙여진 '박서진 길'은 삼천포항에서 산분령까지 총 5.8km의 구간을 삼천포에서 태어나고 자란 가수 박서진의 이름을 따서 '박서진 길'로 명명하여 삼천포를 알리고 있다. 다만 '박서진 길'은 정식 도로명은 아니고 명예도로명으로 선포 후 5년간 유지되고 기간을 연장할 수 있다.

하려던 이야기가 엉뚱한 방향으로 흘러 주제가 바뀔 때 '잘 나가다 삼천포로 빠진다'라고 한다. 많고 많은 지역 중에 왜 하필이면 삼천포로 빠진다고 했을까? 남부 지방을 운행하는 열차 노선 중에 경상남도 삼랑진에서 진주와 순천을 거쳐 광주까지 연결되는 경전선이 있었다. 예전에는 삼랑진을 떠난 기차가 개양역에 도착하면 객차를 분리해서 일부만 삼천포로 갔다. 이때 손님이 깜빡 잠이 들거나 한눈을 팔면 분리되는 객차에 실려 삼천포로 가곤 했다. 그래서 '삼천포로 빠진다'라는 말이 생겼다. 삼천포가 나쁘다는 뜻에서 비롯된 말은 아닌데, 삼천포 사람들은 이 말을 몹시 싫어한다. '잘 나가다 샛길로 빠진다' '곁길로 새다'와 같은 표현으로 바꿔서 쓰면 좋을 것 같다.

춘천휴게소

'춘천휴게소'는 춘천의 관문 역할을 하는 곳으로 춘천으로 접어들기 전에 휴식을 취하며 다양한 여행 정보를 얻을 수 있는 곳이다. 중앙고속도로 종점부인 춘천 시내에 있는 휴게소로 1995년 8월에 중앙고속도로 개통 때 오픈했다. 특히 화장실은 마치 카페 같은 인테리어로 문화 화장실의 진수를 보여준다.

휴게소 건물은 대대적인 리뉴얼 공사를 거쳐 도로공사의 고속도로 화장실 평가에서 '우수상'을 받을 정도로 시설이 우수한 화장실이 인상적이다. 휴게소 정면을 기준으로 오른쪽에 힐링을 테마로 한 공원이 조성되어 있는데 '자갈돌' '통 큰 분수' '아트로드' '각종 조형물' 등이 볼거리를 제공하며, 특히 춘천 시내가 한눈에 내려다보이는 최고의 전망대를 갖추고 있어 많은 사람이 찾는 명소다.

춘천으로 접어들기 전에 다양한 여행 정보를 얻을 수 있는 춘천휴게소. 고속도로 화장실 평가에서 '우수상'을 받은 카페같은 화장실이 인상적이다.

먹거리는 춘천 지역의 유명한 닭갈비를 활용한 '철판닭갈비정식' 13,000원, '닭갈비덮밥' 11,000원이 있다. 닭갈비는 500g(10,000원)~2kg(39,000원)을 선물용으로 포장 판매하며 택배로 보낼 수 있다. '수제김밥'은 여러 종류가 있다. 닭갈비김밥, 우엉김밥, 그냥김밥, 애기김밥 등을 4,300~5,800원까지 다양하게 판매 중이다.

춘천휴게소 근처의 나들이 장소는 '춘천삼악산 호수 케이블카' '소양깅 하늘 산책로' '김유정 문학촌'이 가볼 만하다. 춘천삼악산 호수 케이블카는 인공호수인 의암호와 붕어섬을 건너 산세가 험한 삼악산 중턱까지 3.6km의 길이를 이어준다. 전망대가 있는 상부 정류장에는 북한강 줄기와 의암호수의 모습, 그리고 춘천 시내의 전경이 파노라마처럼 펼쳐져 볼거리가 좋기로 유명하다.

　춘천 '소양강스카이워크'는 인제에서 흘러내린 소양강이 북한강과 만나는 곳에 있다. 매표소 앞 벤치에는 키가 7m인 롱다리 '로맨틱군'과 '소양강처녀'가 있다. 소양강의 한가운데로 뻗어나가 있는 174m의 '스카이워크'는 바닥이 강화유리로 되어 있어 잔잔한 호수 물 위에 앉아 있는 느낌이 든다.

　이외에 근대 단편 문학 30편을 남기며 순우리말을 사용하는 새로운 세계를 개척한 작가 김유정을 기리는 '김유정 문학촌'이 있다. 김유정 문학촌은 전철 경춘선이 도착하는 '신설역'과 폐역이 있는 '실레마을 기차역'을 시작으로 펼쳐진다. 소설 작품 속에 나오는 솥, 함지박, 맷돌, 등 다양한 소재를 벤치 등으로 조성해 놓았다. 작가의 소

세련된 인테리어와 창가에 앉아서 책을 읽을 수 있는 공간을 마련한 춘천휴게소 화장실

설 속에 배경으로 등장하는 실레마을은 김유정 생가, 기념전시관, 안내소인 낭만누리, 작품을 만화로 볼 수 있는 김유정 이야기집, 만화체험방, 한지공예 체험방, 도자기 체험방 등을 둘러볼 수 있다.

알면 보이는 휴게소 이야기다. 주차장은 도심에 있는 보통 주차장과 다른 점이 있다. 휴게소 주차선은 대부분 사선으로 되어 있는데 나름의 과학적인 이유가 있다. 직각 주차 라인은 한 번에 주차할 수 없고 몇 번 직진과 후진을 하다 보면 시간이 걸린다. 출발할 때도 마찬가지다. 주차 중인 차로 인한 대기 차량 지체를 해소하고 출발도 한 번에 할 수 있도록 주차선을 사선으로 구획했다. 사선 주차는 차량의 회전반경이 적어지기 때문에 시야 확보에도 유리하다. 예를 들어 직각 주차는 차량이 후진할 때 후방에 주차된 다른 차량으로 인해 사각지대가 발생하는 문제점이 있다. 반면 사선 주차의 경우 이러한 사각지대가 발생하지 않아 접촉 사고의 확률이 낮아진다. 사선으로 주차라인을 그리면 주차면 수는 줄어들지만, 주차시간과 효율 면에서 장점이 있어 휴게소는 사선 라인을 설정하고 있다.

덕평자연휴게소

영동고속도로에 있는 '덕평자연휴게소'는 영동고속도로 직선화 확장공사 이후에 폐도 구간의 부지를 활용하여 설치한 휴게소다. 2002년 오픈한 민자휴게소로 수도권지역에 있어 식음료뿐 아니라 의류 쇼핑 등의 매출이 높은 복합쇼핑몰 휴게소다.

상행선, 하행선이 다 이용할 수 있는 통합휴게소로 '스마트IC' 톨게이트가 있어 휴게소 내에서 상·하행으로 진, 출입이 가능하다. 지역적 특성으로 식음료뿐 아니라 의류 등 대형 복합쇼핑몰이 있고, 놀이시설 '별빛공원우주'는 수도권과 아베크족이 나들이하기 편하다. 대형휴게소답게 전국 휴게소 중 매출이 가장 높고 부지면적은 5만 5천 평으로 전국에서 두 번째로 넓다. 참고로 제일 큰 곳은 행담도휴게소로 6만 1천 평이다. 20여 개의 국내외 유명브랜드가 입점한 의류

매장의 매출이 전체 매출액의 40% 정도를 차지한다.

덕평자연휴게소는 넓은 공원이 있는 '자연'이라는 콘셉트와 수도권과 인접해 가족과 연인 고객이 주로 이용하는 특성을 반영하여 '애견파크'와 사랑을 주제로 한 '사랑 벤치'를 설치했다. 특히 반려견 동반 고객이 증가함에 따라 휴게소에 강아지가 출입하지 못하는 것에 착안해 반려견과 고객이 함께 즐길 수 있는 시설을 기획했다. 국내 최초 애견 테마파크인 '달려라코코'에서는 애견에 대한 기원, 역사, 특징 등을 배우고, 애견 스포츠(Dog Sport) 공연을 관람할 수 있는 '애견 체험 학습장' 함께 온 애견과 함께 목줄을 풀고 자유롭게 뛰어놀고 휴식을 취하고 스트레스를 풀 수 있는 '친환경 애견 놀이터'가 있

가족과 연인 고객이 주로 이용하는 덕평자연휴게소는 '애견파크'와 사랑과 자연을 콘셉트로 한 로맨틱 가든이 멋진 대형휴게소다.

다. 아베크족을 위한 '러브벤치공원'은 '사랑'을 주제로 다양한 이색 러브벤치 13종을 휴게소 전역에 설치해 가족과 연인들의 포토존으로 활용되고 있다. 야외폭포 중앙에 설치한 '러브 가든'의 아름다운 풍경도 좋은 볼거리다.

이용객이 많은 덕평자연휴게소 식당은 규모 면에서도 압권이다. 휴게소 내 일반식당과 '풀초롱 밥상'이라는 별도의 식당 건물이 있다. 일반식당의 대표메뉴는 '덕평소고기밥' 10,000원이다. 이 메뉴는 전국 휴게소 식사류 중 가장 많이 팔리는 메뉴로 연간 50만 그릇 이상 팔린다. '황태곰탕' 9,000원, '굴국밥' 9,000원, 전문 부대찌개 식당의 다양한 '부대찌개'가 있다. 시그니처 메뉴로 '153부대찌개' 9,500원과 '포인츠부대찌개'를 10,000원에 판매한다.

덕평자연휴게소는 자체 유원지로 개발된 곳답게 다양한 레저시설이 있으며 야경 명소로 유명한 '별빛정원우주'는 빛과 자연을 테마로 한 신개념 문화공간이다. 낮에는 꽃과 식물을, 밤에는 조명과 미디어 아트를 즐길 수 있는 곳으로 주간에는 무료지만 야간 개장 18시부터는 입장권을 사야 한다. 운영시간은 23시까지다. 오스트리아 벨베데레 궁전을 닮은 '로맨틱가든'도 매력적이다. 음악에 따라 빛이 움직이는 '라이팅쇼' 메인 포토존인 '토끼상' 앞에서 사진을 찍을 수 있고, 빛을 소재로 한 다양한 공연을 볼 수도 있다. 또한 공중 카페 '우주타워'도 특별하다. 35m 높이까지 회전하면서 올라가는데 1인당 이용 요금은 음료를 포함하여 12,000원이다.

휴게소

치악휴게소

중앙고속도로의 치악산 자락에 있으며 지대가 높은 곳이라 여름철에 시원한 '치악휴게소'는 중앙고속도로 개통 시기인 1995년 오픈했다. 원주시 신림면에 있는 휴게소로 중앙고속도로 부산 기점 299km 지점, 치악산 자락에 있어 수려한 주변 풍경과 아늑한 분위기를 자아낸다.

높은 계단이 있는 춘천방향은 휴게소에서는 보기 드물게 주차장에서 건물 입구까지 엘리베이터를 운영한다. 부산방향은 원주시의 대표 과일인 봉숭아를 테마로 조성한 '도회공원'이 있다. 공원에는 많은 소나무에서 나오는 피톤치드 때문에 쉬어가는 고객이 많다. 450고지에 자리한 '치악휴게소는 구름도 쉬어간다'는 노래 속의 추풍령휴게소, 600고지에 있는 평창휴게소 다음으로 높은 휴게소다.

우리나라에서 제일 높은 고지에 있는 휴게소는 제주도 한라산 중턱에 있는 '천백고지휴게소'로 이름에서 알 수 있듯 1,100m에 자리하고 있다. 부산방향 휴게소에는 고속도로 개통 때인 1995년에 설치한 '민족 통일의 길'이라는 표지석이 있다.

이곳의 대표메뉴로 '뽕잎곤드레영양기밥' 9,500원이 있다. 건강에 좋은 뽕잎과 강원도 대표 산나물 곤드레로 만들어 기를 올려주는 이 메뉴는 연간 6만 그릇 이상 판매된다. '산나물감자옹심이' 8,500원은 강원도 특산 간식인 감자옹심이에 산나물 만두를 가미한 특색 있는 메뉴로 고객의 반응이 좋아 연간 7만 그릇 이상 팔린다. 특히 '산나물감자옹심이'는 한국도로공사의 2022년 ex-food에 선정되었고, '뽕잎곤드레영양기밥'은 관할 지자체인 원주시에서 대표 음식으로 지정한 메뉴다. 더불어 치악휴게소는 식당 1개소를 24시간 영업하여 야간 고객들의 이용이 편리하고, 10,000원 이상 치악휴게소 영수증을 제공하면 인근지역 대표 관광지의 입장료 할인권을 제공한다.

휴게소 주변의 '치악산국립공원'은 중앙고속도로 신림IC에서 9km 지점에 있다. 높이 1,288m의 차령산맥의 줄기로 영서(嶺西)지방의 명산이다. 1973년에 강원도 도립공원, 1984년 국립공원으로 승격되었다. 큰골, 영원골, 입석골, 범골, 상원골, 신막골 등 아름다운 계곡과 입석대, 구룡폭포, 세렴폭포, 영원폭포 등 볼거리와 구룡사(龜龍寺), 상원사(上院寺), 석경사(石逕寺), 보문사(普文寺) 등 오래된 절이 많다. 문화재로는 구룡사대웅전(龜龍寺大雄殿, 강원 유형문화재 24호)과 영원산성, 해미산성 터, 금두산성 등이 있다. 등산로가 여러 곳에 있고, 구룡사에서 세렴폭포까지 등산로는 초보 등산객도 부담스럽지 않은 왕복 5km 정도다. 길도 평탄하고 주변 경치를 즐기면서 산행하기 좋다.

한국도로공사에서 '1 휴게소 1 지역 유명 맛집 유치사업'을 추진 중이다. 휴게소의 먹거리 품질향상과 지역특화 음식 취급으로 휴게소의 지역특화를 부각하고 이용객의 기호에 부응하고자 전국 200여 휴게소 중 30여 휴게소가 이미 지역 맛집을 유치·운영 중이다. 나머지 79개소는 유명 맛집과 협약체결 및 인테리어 개선 작업 등을 진행하고 있어 곧 전국 109개소의 휴게소에서 지역 유명 맛집의 메뉴를 만날 수 있을 것으로 보인다. 특히 강원도 지역에 추진하고 있는 맛집을 일부 소개하면 여주휴게소의 '천서리 막국수' 내린천휴게소의 '산골 황태 3대 식당' 횡성휴게소의 '봉화산 설렁탕' 강릉휴게소의 '샘밭 막국수' 등이 있다.

정안알밤휴게소

 '정안알밤휴게소'는 공주시 정안면에 있는 휴게소로, 오픈은 천안-논산고속도로 개통 시기인 2002년 12월 개장했다. 애초에는 '정안휴게소'였으나 2016년 8월에 '정안알밤휴게소'로 명칭을 바꾸고 알밤 관련 제품 매출이 10배 이상 상승했으니 명칭 변경으로 제일 큰 효과를 본 휴게소다.

 '정안알밤휴게소'에는 '사랑의 밥'이라는 안내판이 있다. 대표메뉴 식사류를 판매할 때마다 100원씩 자체적으로 적립하여 결손가정, 불우이웃, 다문화 가정의 소외된 청소년에게 교육적, 정서적, 경제적 지원을 시행한다. 이 제도로 일 년에 약 8천7백만 원을 모금하여 지원했다. 고객은 식사류를 먹는 것으로 일정 금액이 기부되니 좋은 일에 자동으로 동참되는 제도다. 환승휴게소로 고속도로상에서 버스를 갈아타고 원하는 곳으로 이동할 수 있는 곳이다.

식사류는 '산채나물비빔밥'과 '된장찌개' 9,500원이 많이 팔리는 메뉴로 연간 15만 그릇이 판매된다. '우리콩화심숨두부찌개' 9,500원은 소비자의 기호에 따라 순한 맛과 매운맛 두 가지로 판매하는데, 건강에 좋은 국산 콩을 사용한 두부찌개로 고객들의 반응이 좋아 연간 13만 그릇 정도 판매한다.

'화심'은 전주 근처에 두부를 많이 제조 판매하는 '화심리'라는 마을 이름이다. '숨 두부'는 눌러서 굳히지 아니한 두부를 말하는데 순두부의 사투리다. '정안왕갈비탕'도 인기 메뉴다. 갈비가 3대 들어있으며 가격은 14,000원이다. 그다지 싼 가격은 아니지만 고기가 많이 들어 있고 육수를 3시간 이상 끓여서 맛을 내므로 사골의 깊은 맛이 제대로 느껴지는 가성비 좋은 메뉴. 연간 7만 그릇 이상 팔린다.

타 휴게소에서 호두과자의 매출이 간식류 중에서 대부분 최고의 매출을 차지하는 데 반해 정안알밤휴게소는 알밤 관련 품목인 공주밤빵, 깐밤, 군밤, 토실이 쌀밤빵, 알밤도너츠 등의 매출이 폭발적이다. 밤의 효능이 피로 해소에 좋고 건강식이며 차 안에서 간식으로 먹기 좋기 때문인 듯하다.

주변 관광지 '공주 공산성'은 천안-논산고속도로 남공주IC에서 6km 지점, 당진-영덕고속도로의 공주IC에서는 3km 지점에 있나. 백제시대 도읍지인 공주를 방어하기 위해 축성된 둘레 2.5km의 산성(山城)으로 1963년 1월 21일 사적으로 지정되었다. 2015년도에 백제 역사 유적지구라는 이름으로 인근의 백제 유적들과 함께 유네스코 세계유산에 등재된 유적이다. 백제시대 축성된 산성으로 백제 때에는 웅진성으로 불렸고, 고려시대 이후 공산성으로 불리고 있다. 입장료는 대인 3,000원이다.

마곡사는 공주시 사곡면 태화산(泰華山)에 있는 삼국시대 신라의 승려 자장이 창건한 것으로 전하는 사찰이다. 대한불교조계종 제6교구 본사(本寺)이며 2018년 6월에 '산사, 한국의 산지 승원'이라는 이름으로 유네스코 세계유산에 등재되었다. 마곡사가 있는 곳의 물과 산의 형세는 태극형이라고 하여 『택리지』『정감록』 등의 여러 비기(祕記)에서 전란을 피할 수 있는 십승지지(十勝之地)의 하나로 꼽힌다. 당시의 건물은 지금의 배가 넘었으나 임진왜란 때 대부분 불타버렸고, 1651년(효종 2년)에 각순(覺淳)이 대웅전과 영산전 대적광전 등을 중수했다.

마곡사는 백범 김구(金九)와 인연이 깊은 사찰이다. 대한제국 말 명성황후 시해에 가담한 일본인 장교 쓰치다(土田壤亮)를 죽이고 인천형무소에서 옥살이하던 김구 선생은 탈옥하여 이 절에 숨어서 승려를 가장하며 살았다. 대광명전 앞에는 김구 선생이 심은 향나무가 있는데, 그 옆에 '김구는 위명(僞名)이요 법명은 원종(圓宗)이다'라고 쓴 푯말이 꽂혀 있다.

금강휴게소

1971년 7월 개장한 '금강휴게소'는 개소 당시 부지와 건물을 민자로 건립하여 도로공사에서는 톨게이트 운영비 형태로 사용료를 받는 특이한 휴게소다. 전국 휴게소 중 이런 형태로 운영되는 휴게소는 금강휴게소가 유일하다.

금강휴게소에는 경부고속도로 건설 도중 희생당한 분들을 기리기 위한 '순직 위령탑'이 있다. 도로공사에서 매년 7월 7일이면 이곳에서 위령제를 지낸다. 금강휴게소는 주변으로 금강이 흐르고 있어 유원지 형대로 개발되어 오리 배, 바나나보트, 플라이드 보느, 수상스키, 낚시 등을 즐길 수 있다.

금강천의 물을 이용하는 소형 수력발전소가 있어 전기를 생산한다. 휴게소를 건설할 때 오지라 전기 공급이 원활하지 않을 것으로

금강의 물결을 접하고 있는 금강휴게소의 멋진 풍경. 금강유원지로 바로 연결된다.

보고 휴게소에 전기를 공급하기 위해 수력발전소를 건설했는데, 지금은 발전한 전기를 한전에 판매하고 있다. 오랜 시간이 지난 금강휴게소는 지리적 환경이 좋아 세계적인 휴게소로 탈바꿈하겠다는 계획으로 대대적인 리모델링을 계획 중에 있다. 금강휴게소의 특징은 차박을 위한 공간이 잘 마련된 것이다. 금강천 변 경치가 수려해 근래에는 주말에 여가를 즐기는 인근 대도시 인파가 몰려 수십 대의 차량이 휴게소 근처에서 차박 한다.

식사류는 '도리뱅뱅이정식'이 있다. 도리뱅뱅이는 금강에서 잡은 피라미를 기름에 튀겨, 쟁반에 둥글게 진열하여 양념을 얹어 제공하는 메뉴로, 계절적으로 겨울에는 빙어를 사용하기도 한다. 판매 가격은 12,000원이며 고소하고 특이한 메뉴라 이곳의 대표메뉴로 자리

잡았다. 2층에 있는 실크로드 식당에서 식사할 경우 금강 변을 다 조망할 수 있어서 멋진 경치와 식사를 즐길 수 있다. 이밖에 30년 경력의 제빵 전문가가 직접 구워 주는 '베이커리 카페'가 있다. 빵과 커피 한잔, 금강천 변의 멋진 경치를 즐기면 운전의 피로가 다 해소되는 느낌이 든다.

휴게소 근처 가볼 만한 나들이 장소는 호수 위의 병풍바위 '부소담악'을 소개한다. 옥천IC에서 8km 정도 지점의 옥천군 군북면 '부소무늬마을'에서 만나는 절경이다. 물 위로 솟은 기암절벽의 길이가 무려 700m에 달하는 '부소담악'은 처음부터 있던 물가의 절벽이 아니다. 대청댐이 준공되면서 산 일부가 물에 잠겨 물 위에 바위 병풍을 둘러놓은 듯한 풍경이 만들어졌다. 부소담악의 경관을 제대로 바라볼 수 있는 곳은 '추소정'이다. 정자에 오르면 용이 호수 위를 미끄러지듯 나아가는 형상이 선명하게 보인다. 날카롭게 솟아오른 바위와 깊이를 가늠할 수 없는 호수가 가슴을 서늘하게 한다. 수천 년 세월을 간직한 자연의 신비가 더욱 크게 다가오며 부소담악의 능선을 따라 산행할 수도 있다.

다음은 얼마 전 TV 프로그램에 나오면서 최근 많은 인기를 끌고 있는 '옥천 고래마을'이다. 정식 명칭은 '장찬리마을'인 이곳은 옥천IC에서 4km 정도의 위치에 있다. 뜬금없이 '고래?'라고 생각하겠지만 이곳의 장찬저수지가 마치 고래의 모양을 닮았다고 하여 '옥천 고래마을'로 불리기 시작했다. 마을의 입구부터 고래와 관련된 다양한 조형물을 설치해 놓았고, 저수지 주변으로 산책로가 잘 조성되어 있다.

통도사휴게소

　서울에서 출발하여 약 380km 정도 지점의 '통도사휴게소'는 부산을 기점으로 31km 떨어진 양산에 있다. 애초에는 조금 다른 위치에 언양휴게소라는 이름으로 있었는데, 도로가 확장되면서 아래로 이전하여 2011년 8월에 통도사휴게소로 변경하여 오픈했다.

　조금은 생소한 이름의 휴게소로, 주변의 유서 깊은 사찰인 통도사의 이름을 사용한 명칭이다. 휴게소 내에 하이패스 전용 나들목인 '통도사 하이패스 나들목'이 있으며 주차장을 기준으로 건물이 타원형 형태로 조성되어 고객의 접근성을 높이고 동선을 최대한 줄이도록 지어졌다. 전체적으로 아늑하고 포근한 느낌이 드는 휴게소다. 휴게소 벽면과 간판에 '영남알프스의 산 이야기가 있는 통도사휴게소'라는 문구가 있다. 주변에, 가지산, 천황산, 운문산, 신불산, 재약산,

휴게소 주변의 영남 알프스를 테마로 운영 중인 아담하고 단정한 '통도사휴게소' 전경

등 높이 1,000m가 넘는 8개의 산을 통칭하여 영남알프스라고 하는 데서 착안해 휴게소 테마로 사용했다.

인기 식사 메뉴로 '명품낙지덮밥' '1등급한우국밥'이 있다. 여름철 기력을 보하는 '명품낙지덮밥' 10,500원은 낙지에 양파, 양배추, 당근 대파, 등이 들어가고 양념장으로 고추장, 고춧가루, 깐마늘, 고추씨기름, 참기름 등이 들어가는데 조리법으로는 뜨겁게 달군 프라이팬에 참기름을 두르고 준비된 재료를 채소, 낙지, 양념 순으로 넣고 볶아서 콩나물, 부추, 난무시, 심 가투 육수와 함께 제공한다.

두 번째로 '1등급한우국밥'은 명칭과 같이 1등급 한우만 사용하여 만든다. 육수는 파 뿌리, 다시마, 등 다양한 재료를 넣고 충분히 끓여 깊은 맛을 내고 양지, 대파, 무, 콩나물 등을 추가로 넣어 맛을 낸다.

이 메뉴 역시 고객의 반응이 아주 좋은 식사류이다. 또한 도로공사에서 권장하는 착한 식품에는 6,500원의 '착한된장찌개'가 있다.

　주변에 통도사와 여름철에 가볼 만한 밀양 얼음골 관광지가 있다. 통도사를 간략히 소개하면, 통도사휴게소 내에 있는 IC에서 2km 지점에 있는 세계문화유산으로 지정된 사찰이다. 한국 3대 사찰의 하나로 부처의 진신사리(眞身舍利)가 있어 불보(佛寶)사찰이라고도 하며, 신라의 자장(慈藏)이 당나라에서 불법을 배우고 돌아와 신라의 대국통(大國統)이 되어 왕명에 따라 통도사를 창건하고 불법을 널리 전한 곳이다. 경내의 건물들은 대웅전과 고려 말 건물인 대광명전을 비

통도사휴게소 지근에 위치한 유서 깊은 전통 사찰 통도사

롯하여 65동 580여 칸에 달하는 대규모였으나 이 건물들은 임진왜란 때 소실되었고 대광명전을 제외하고는 모두 근세의 건물들이다. 통도사의 대웅전이 금강계단과 함께 국보로 지정되었다.

'밀양 얼음골'은 경부고속도로 통도사IC에서 12km, 함양-울산고속도로 배네골IC에서는 6km 지점에 있다. 오래전부터 '빙곡'으로 불린 얼음골은 밀양의 재약산(1,189m) 북쪽 중턱 해발 600~750m의 노천 계곡에 자리한다. 얼음골은 3월 초순에 얼음이 얼기 시작하면 대개 7월 중순까지 유지되며, 삼복더위가 지나고 처서가 되면 바위 틈새의 냉기가 점차 줄어든다고 한다. 또한 이곳은 겨울철에는 오히려 바위틈에서 영상의 더운 김이 올라 고사리와 이끼들이 새파란 모습을 유지하고 있는 신비한 이상기온 지대다. 바위틈은 여름 평균기온이 섭씨 0.2℃이며, 계곡을 흐르는 물은 평균 4~8℃로 웬만큼 참을성이 있는 사람이라도 계곡물에 발을 담그고 2분 이상 견디기가 어렵다. 얼음골 주변의 지형은 얼음이 어는 돌밭(安山巖)과 계곡을 중심으로 동·남·서 3면으로 깎아지른 듯한 기암절벽들이 병풍처럼 펼쳐져 장엄한 광경을 연출하고 있어 사시사철 관광객들의 발길이 끊이지 않는다.

요즘 고속도로 주유소가 거의 다 셀프주유소로 운영 중이라, 이용객들이 주유 후 주유구 뚜껑과 카드를 잊어버리고 가는 경우가 종종 발생하고 있다. 주유소마다 40~50개의 자동차 연료 뚜껑이 쌓여있다고 한다. 두고 간 카드는 일정 기간 보관 후 연락이 없으면 폐기 처분한다고 한다.

속리산휴게소

속리산 근처의 '속리산휴게소'는 청주지점 약 40km 지점의 휴게소로 행정구역상으로는 충북 보은군에 있다. 고속도로 휴게소 최초로 설치한 '졸음운전 예방센터' 일명 '졸방센터'라는 휴식 공간이 있다.

휴게소는 2007년도에 오픈했지만 휴게소 내의 '하이패스 나들목'은 2017년도에 개설했다. 휴게소 내 하이패스 전용 나들목은 전국에 30여 개소가 운영 중이거나 설치 중인데 편리성이 좋아 추가로 더 확대할 예정이다. '졸방센터'는 안마기와 졸음운전 사고 영상 시청, 산소방에서 졸음운전 예방과 운전으로 인한 피로를 해소하는 공간이다. 화물차 기사들을 위한 샤워실은 누구나 무료 이용이 가능하다. 최근 새롭게 단장하고 오픈한 '베이커리 카페'는 시루봉의 수려한 전

국립공원 속리산의 사계를 오롯이 누릴 수 있는 속리산(청주방향)휴게소 전경

경을 조망할 수 있다. 휴게소의 가장 큰 특징은 식당 내부에서 식사하면서 구병산의 전경을 볼 수 있도록 한 통유리 창이다. 맛있는 식사와 볼거리를 동시에 누리는 일거양득의 공간이다.

지역 특산 식사류는 '보은대추영양솥밥'과 '보은사과왕돈가스'가 있다. '보은대추 영양솥밥' 11,000원은 보은 대추에 흑미, 은행, 서리태, 완두콩, 표고버섯, 느타리버섯 등을 개별 솥에 넣어서 밥을 하고 계란찜, 멸치 볶음, 시금치, 시래기국을 부수 반찬으로 제공한다. 가격은 다소 비싸지만 수육도 1인분을 따로 제공하고 맛도 있어 인근 마을주민들도 자주 이용하며, 여러 언론매체에서 소개한 유명 메뉴다.

두 번째로 '보은사과왕돈가스' 12,000원은 돈가스의 크기가 워낙 커서 '왕돈가스'라고 한다. 보은 사과즙과 마요네즈를 섞은 소스에 양배추, 오이피클, 단무지, 강낭콩 등을 같이 제공하고 마카로니를 주는 것이 특색으로 비주얼과 맛이 좋은 인기 메뉴다.

주변 가볼 만한 여행지로 속리산 '말티재 고개'를 소개한다. 일명 '말티고개'로 불리며 속리산IC에서 5km 지점에 있다. 말티고개를 한눈에 볼 수 있는 '말티재 전망대'는 높이가 20m로 2020년 2월 개장했고 전망대에서 바라보는 숲과 도로가 어우러진 풍광이 독특하다. 고려 태조 왕건과 조선 세조의 속리산 행차 때 얇은 돌을 깔아 길을 냈다고 전해진다.

다음은 당진-영덕고속도로의 청남대IC에서 7km 지점에 있는 관광지 '청남대'다. '2023 세계 잼버리' 참가자 수백 명이 방문한 '청남대'는 '따뜻한 남쪽의 청와대'라는 뜻으로 1983년부터 대한민국 대통령의 공식 별장으로 이용되었다. 주요시설은 본관을 중심으로 골프장, 그늘집, 헬기장, 양어장, 오각정, 초가정 등이 있다. 2003년 4월 18일 노무현 대통령이 개방하여 일반도 출입하게 되었다. 사계(四季)에 따라 모습을 바꾸는 조경수 11만 6천여 그루와 야생화 35만여 본은 청남대의 주요 볼거리다. 자연생태계도 잘 보존되어 천연기념물 수달, 날다람쥐와 멧돼지, 고라니, 삵, 너구리, 꿩 등이 서식하고 있으며 각종 철새 도래지다. 청남대의 비경을 한눈에 담을 수 있는 '행복의 645계단'과 신선놀음하듯 푸른 대청호와 청남대를 굽어볼 수 있는 전망대가 있으며 시간이 여유롭다면 청남대 대통령길 완주 스탬프 릴레이로 자연 속에서 풍요로운 하루를 만끽할 수 있다. 속리산휴게소 등 인근 휴게소에서 입장료 할인권을 제공하니 기억하자.

행담도휴게소

　서해안고속도로 서해대교 중간에 있는 양방향 통합형 휴게소 '행담도휴게소'는 섬에 조성된 국내 유일의 휴게소다. 2000년 11월 10일 서해대교를 포함한 서해안고속도로 당진-서평택 구간이 개통되면서 민간 자본으로 행담도에 설치된 휴게소로, 이듬해인 2001년 1월에 개장했다.

　서해대교 아래 바다의 섬에 설치된 휴게소로 '오션파크리조트'로 불리기도 하며 바다 경치를 제대로 조망할 수 있다. 서해대교의 웅장한 모습을 볼 수 있는 관광명소로 인기가 많으며 새해 일출을 볼 수도 있다. 휴게소를 진·출입하기 위한 행담 나들목이 설치되어 있다.
　'행담도휴게소'에는 서해대교 주 탑 화재 사고를 진압하다 순직한 고(故) 이병곤 소방령 흉상이 설치되었다. 또 서해대교 홍보관 입구에는 서해대교 준공기념 조형물인 '천년의 문(千年의 門, Gate of Millennium)'이 있다. 유명 조각가 하도응이 화강석과 스테인리스 스틸, 스테인드글라스(색유리)를 사용해 2000년 서해대교 준공에 맞춰 조성한 '천년의 문'은 가로 28m 세로 15m 높이 15m의 조형물이다. 이밖에 고은의 '서해 영광 기념 비문'도 볼거리다.

국내 최대 규모의 대형휴게소로 상·하행이 통합된 이곳은 식당도 여러 코너가 있다. '소담식당'의 '김치찌개비빔한상' '된장찌개비빔한상' '순두부찌개비빔한상'이 많이 찾는 식사류이며 모두 9,000원에 판매 중이다. 삼선미나주곰탕 코너의 '나주곰탕' 9,500원과 '불주꾸미덮밥 12,000원이 서해안 지역특산 메뉴다.

서해대교 아래 섬 안에 위치한 행담도휴게소는 서해대교의 웅장한 모습을 볼 수 있는 관광명소로 인기가 많다.

뷔페식 한식당 '집에서 먹는 밥'에서는 접시에 담긴 음식 중 원하는 메뉴를 선택할 수 있다. 접시마다 가격이 다르다. 떡갈비, 생선구이, 제육볶음 4,000~5,000원, 나머지 반찬은 1,000~2,000원이다. 밥, 반찬, 국과 요리 한두 개를 주문하면 12,000~15,000원 정도다.

'행담도'는 삽교천 하구의 섬으로 행정구역상으로는 당진시 신평면에 속한다. 총면적은 0.45km^{2}이다. 전하는 말에 따르면 조선시대에 과거를 뱃길로 가던 선비가 풍랑을 만나 이 섬에 표류하였는데, 이 섬의 물을 먹고 과거에 장원급제하였다고 하여 이 섬을 '까치내' 또는 '토끼섬'으로 불렀다. 간만의 차가 커서 물이 완전히 빠지는 시기에는 육지에서 섬까지 걸어서 갈 수 있다는 의미의 '행'과 평소 물에 잠겨있다는 것을 뜻하는 의미의 '담'자가 섬의 이름이 되었다는 설이 있다.

행담도에는 역사적 사건으로 '남연군 분묘 도굴 사건'이 있다. 독일의 상인 에른스트 오페르트가 무역에 대한 요구를 거절당하자 1868년 충남 덕산에 있는 흥선대원군 아버지 묘를 도굴하려다 실패한 사건이다. 오페르트는 행담도에 배를 정박하고 작은 배로 삽교천을 따라 올라가서 덕산군 구만포에 상륙하였다고 한다. 이 사건으로 흥선대원군의 천주교 박해가 심해져 '병인박해'로 이어졌다. 원래 섬은 무인도였으나 1930년대 어촌마을이 생겼고, 1993년 서해대교가 행담도를 지나가게 되고 공시기 시작되면서 주민들은 섬을 떠나야만 했고 '행담도휴게소'가 건설되었다.

곡성기차마을(순천방향)휴게소

곡성기차마을(순천방향)휴게소는 호남고속도로 곡성군 옥과면에 있으며 광주에서 남해를 잇는 첫 관문 휴게소다. 지역 주민과 상생하기 위해 곡성군과 한국도로공사가 MOU를 체결하여 인근지역의 대표적 볼거리, 즐길 거리인 '곡성기차마을'을 휴게소 명칭에 사용했다.

곡성 기차마을 홍보를 위해 조성한 '레일바이크' 테마공원으로 한국도로공사에서 최우수 테마휴게소로 선정되었다. 휴게소 건물 옥상에 있는 물탱크를 정비하여 휴게소 간판으로 사용하는 것이 매우 인상적이며 다른 휴게소 여러 곳에서도 도입했다. 또한 고객들의 안전운전을 위해 장거리 운전으로 피곤할 때 휴식하며 졸음을 깨고 갈 수 있는 '졸음운전 예방센터'를 속리산휴게소에 이어 운영 중이다.

광주에서 남해를 잇는 첫 관문 곡성기차마을휴게소 전경. 매년 5월에는 장미 축제를 즐길 수 있다.

내부를 편백나무로 조성하고 산소발생기, 공기정화기, 안마기 등이 장거리 운전에 지친 운전자들에게 휴식을 제공한다.

인기 메뉴 '들깨토란탕' 8,500원은 토란이 많이 재배되는 곡성의 지역특산 음식으로 무, 양파, 대파로 맛을 낸다. 도로공사 맛 자랑 대회에서 우수상을 받아 언론에 보도된 건강식으로 다른 곳에서는 맛보기 힘든 메뉴다. '입맛없을땐짜글이' 9,000원은 고추장, 고춧가루, 마늘, 생강, 매실청, 간 배, 등으로 양념을 만들고 돼지고기를 볶다가 양념장을 넣는다. 이름처럼 입맛이 돌아오는 맛있는 메뉴로 양도 많다. 실속 상품으로 '콩나물김치국밥'을 6,500원에 판매하고 다양한 실속 상품을 판매한다.

고속도로 휴게소는 지역적으로 독과점 시장이라고 할 수 있다. 도로공사에서 직접 규제할 수는 없고, 판매 품목 중에서 대표적으로 5종류를 구분해서 일정 가격 이하로 판매하면 휴게소 평가에 가점을 부여하는 방법으로 가격 인하를 유도하고 있다. 세부적으로 소개하면 식사류 중에서 6,500원 이하 제품, 라면류 중에서 4,000원 이하 제품, 호두과자 중에서 3,000원 이하 제품, 핫도그 등 간식류 중에서 2,500원 이하 제품, 생수 중에서 700원 이하 제품을 판매하도록 권장하는 제도가 실속 상품 판매 제도다.

주변 관광지는 인근에 있는 '기차마을'이다. 기차마을은 KTX 철로가 새로 건설되며 폐쇄된 곡성역을 관광지로 개발한 곳으로, 섬진강 변에 있어 '섬진강 기차마을'이라고도 한다. 호남고속도로 곡성IC에서 60번 국도를 따라 9km 지점에 있다. 기차마을에 들어서면 옛날에 운행하던 증기기관 열차와 레일바이크를 탈 수 있다. 대관람차, 회전목마, 비룡열차, 귀신의 집 등 10여 가지의 놀이기구가 있는 놀이공원도 있다. '동물농장'이 따로 있어, 각종 동물의 먹이주기 체험이 가능하고 장미가 피어나는 5월에는 '장미축제'가 열린다.

김해금관가야휴게소

'김해금관가야휴게소'는 2017년에 개통한 부산외곽순환고속도로에 있는 유일한 휴게소로 '첨단 IT와 고전의 만남'을 주제로 조성되었다. 양방향 통합형 휴게소로 명칭에서 보이듯 옛 가야문화를 담고 있는 휴게소다.

잊혀진 제국 가야의 문화를 테마로 조성된 이곳은 체험형 가야유물 미디어아트와 포토존이 조성되어 가야의 숨결을 느낄 수 있다. 화장실도 가야문화를 테마로 조성했다. 2층 전망대 카페에서는 낙동강을 시원스럽게 조망할 수 있고 특히 노을과 야경이 아름답다. 곳곳에 설치된 고전적인 느낌의 포토존에서는 많은 고객이 사진 찍는 모습을 볼 수 있다. 휴게소 인근의 생태 탐방 길을 산책하며 운전 중 피로를 해소할 수 있는 공간도 있다.

올해 한국도로공사 ex-food로 선정한 '밥맛을부추기는제육덮밥' 9,500원은 흑돼지 등심, 양배추, 대파, 당근, 볶음 깨, 부추 등이 주재료로 들어가고 된장국과 4가지 반찬이 제공된다. 말 그대로 밥맛을 부추기는 메뉴라 추가로 공기밥을 요구하는 고객이 많다. 실속 상품 식사 메뉴로 '부추영양밥들깨시레기국' 5,500원은 가성비 높고 영양도 높아 고객이 즐겨 찾는다.

고속도로 휴게소의 음식 품질 개선을 위해 휴게소마다 지역의 유명한 맛집 도입 권장으로 김해금관가야휴게소는 이 지역에서 63년의 전통의 '궁중 해물탕 조씨 집'을 유치했다. 대표메뉴는 '백년해물탕' 15,000원이다. 대구 곤이, 생합, 꽃게, 새우, 전복, 등 다양한 해물이 들어가고 김해지역에서 많이 생산되는 미나리가 듬뿍 들어가며 반찬은 6찬을 제공한다. 얼큰하고 담백한 맛으로 가장 많이 팔리는 메뉴다.

휴게소 주변의 '국립김해박물관'은 국립중앙박물관의 소속기관으로 옛 가야의 문화유산을 집대성하고 그 상징성을 높이기 위해 가야의 건국 신화가 깃든 김해시 구지봉 기슭에 자리를 잡고 있다. 고고학 중심의 가야의 유적과 유물이 있다. 본관은 철광석과 숯을 이미지화한 검은색 벽돌을 사용하여 철의 왕국 가야를 상징적으로 표현했다. 2006년 12월 15일 개관한 '가야누리'는 단순하고 기하학적인 비례를 사용하여 박물관 본관과의 이질감을 줄이고 하나의 배경 같은 요소로 조성된 공간이다.

주변의 '김해 수로왕릉' 역시 가야를 대표하는 유적이다. 사적으로 지정된 능의 주인 수로왕은 전설에 따르면 가락국의 초대 국왕이자

잊혀진 제국 가야 문화의 숨결이 느껴지는 김해금관가야휴게소의 가야유물 미디어아트와 포토존

김해 김씨의 시조다. 원형 봉토 무덤의 높이는 5m, 주위 18,000여 평이 왕릉공원으로 지정되어 있다. 예전에는 납릉(納陵)으로 불렸고 수로왕비릉 국립김해박물관 등이 모두 도보 20분 내 거리에 있다. 왕릉 구역 안에는 수로왕의 위패를 모신 팔전 중 하나인 숭선전(崇善殿)과 안향각, 납릉정문, 숭재, 신도비각, 홍살문 등 건물과 신도비, 문·무인석, 공적비 등의 석조물이 있다.

언양(서울방향)휴게소

경부고속도로 부산 기점 44km 지점인 울산광역시 언양읍에 있는 '언양(서울방향)휴게소'는 경부고속도 부산에서 출발하여 첫 번째로 만나는 휴게소다. 휴게소 내에 '반구대암각화' 모형 전시관이 있고 경부고속도로 개통 초기인 1970년대부터 오랜 역사를 가졌다.

휴게소 건물이 낡아 2018년도에 다시 건물을 재건축하여 새롭게 단장한 휴게소라 건물이 깔끔하다. 주위에 유명한 '반구대암각화'가 있어 휴게소 내에 반구대암각화 모형 전시관을 설치했다. 식당 실내 장식은 '바다와 범선'을 테마로 대형 배의 형태로 조성했고 고래 도시 울산의 느낌이 나도록 대형 고래 모형을 설치했다.

건물 외부에는 바닥에 고래를 여기저기에 그려 놓은 것이 인상적이다. 반려동물 놀이공원이 예쁘게 꾸며져 있고, 화물차 운전자를 위한 '화물차라운지'도 운영 중이다.

카페테리아 식당으로 불리는 뷔페형 자율식당을 운영하는 이곳은 진열대에서 기호에 맞는 메뉴를 선택할 수 있다. 가족 등 일행이 여럿일 때 효과적으로 다양한 메뉴를 선택하여 서로 나누어 먹기에 적합하다. 김치찌개, 김치볶음, 돼지고기 두루치기, 청어구이, 계란찜 다양한 메뉴가 총 25개 품목 중 일행 3명이 과하지 않게 메뉴를 골라 계산해 보면 보통 30,000원 정도로 그리 비싸지 않게 다양한 메뉴를 즐길 수 있다. 단일 메뉴로 '왕갈비탕정식' 13,900원, '왕갈비짬뽕탕정식' 14,900원이 있다. 함선을 테마로 한 식당 내부 한쪽은 잠수함 형태로 만들어져 잠수함 안에서 식사하는 듯한 느낌이 나서 어린이들이 좋아한다. 열린 매장에서 판매하는 간식 '반구대고래빵'은 단팥맛, 슈크림 맛 두 가지가 개당 2,000원이다.

언양(서울방향)휴게소 테마인 '반구대암각화'는 근처의 서울산IC에서 4km 지점에 있다. 반구대암각화에 표현된 고래사냥 장면과 약 22종에 이르는 육지와 동물 그림은 우리나라 신석기시대 사람들의 생활상과 정신세계를 보여주는 유적이다. 울주 대곡리 반구대 암각화가 다른 나라 관련 학계에 알려지기 전까지 인간이 바다에서 처음으로 고래를 사냥한 시기는 10~11세기로 추정되고 있었다. 반구대암각화는 이 보다 수천 년이나 앞선 그림으로 인류 최초의 포경유적이며 북태평양 연안 지역의 선사시대 해양 어업문화를 이해하는 데 매우 중요한 유적으로 평가된다. 반구대암각화 유적은 울산 태화강 지류에 해당하는 대곡천 변의 깎아지른 절벽에 너비 약 8m, 높이 약 3m가량의 편편한 수직 암면에 그림이 집중적으로 새겨져 있으며 주변 10곳의 암면에서도 그림이 확인된다.

이외에 서울산IC에서 3km 지점에 있는 관광지 '언양 수정동굴'도 찾아볼 만하다. 울주군과 언양읍 일대는 세계적인 자수정 산지로 100여 개의 자수정 광산이 있는데 이 중 한 폐광을 관광지로 개발했다. 동굴 길이는 2.5km, 실내 온도는 10~14℃로 여름에는 시원하고 겨울에는 따뜻하다. 이런 동굴의 특성을 이용하여 자수정전시관과 독도관, 인류 변천사관 등의 전시관을 비롯하여 인도네시아 원시 부족 풍물전 등을 운영하며 매일 5회의 이벤트를 열고 있다. 동굴 밖에는 사계절 내내 썰매를 탈 수 있는 썰매장과 폭포, 산책로, 도자기 촌과 다양한 놀이시설이 있다. 통도사와 내원사, 밀양 얼음골, 표충사가 가까이 있어 둘러보기 좋다.

이제 곧 추석 연휴가 시작되는데 언론에 보도된 것처럼 추석 연휴 기간은 고속도로 통행료가 면제된다. 한국도로공사에서는 휴게소의 고객 불편을 해소하기 위해 추석 연휴 휴게시설 서비스 대책을 시행한다. 휴게소에 서비스 인력을 2,200여 명(평소 대비 30% 증원)을 추가로 더 확보하고, 임시 화장실도 여성용 위주로 720여 칸을 더 설치하여 '대기 줄'이 없는 화장실을 만든다. 또 추석 기간에 비상대책반을 가동하며 휴게소 안전 및 식품위생 관리와 간식 꾸러미를 최대 33% 할인 판매한다. '휴게소 맛 지도'를 배포하며 민속놀이 체험 등 각종 이벤트도 실시한다.

칠곡(서울방향)휴게소

　경부고속도로 부산 기점 144km 지점의 '칠곡(서울방향)휴게소'는 1986년에 개장했다. 휴게소 내에 다양한 시설들이 있고 전국 휴게소 중에서 10위권에 들어가는 대형휴게소다. 부산방향은 경부고속도로 개통 초기가 조금 지난 1972년에 설치된 중형 휴게소다.

　칠곡(서울방향)휴게소의 특별한 공간은 '꿀벌나라테마공원'이다. 꿀벌의 탄생과 성장하는 과정을 볼 수 있고, 벌통에서 어떤 일을 하는지 직접 관람할 수 있어 아이들이 책에서 보던 것을 자연 속에서 관찰할 좋은 기회를 제공한다. 칠곡군은 국내 최대 아카시아 군락지로 전국 유일의 양봉산업 특구 지역이다. 전 세계 주요 100대 농작물의 71%가 꿀벌의 수정에 의존할 정도로 꿀벌은 인류의 생존에 지대한 영향력을 미친다고 한다.

'평화테마공원'은 휴게소를 이용하는 고객들 누구나 무료로 관람할 수 있으며 공원 내부에 설치된 '칠곡호국평화기념관'은 6.25전쟁 당시 최후의 방어선인 낙동강 전투의 55일간 생생한 기록이 담겨, 한국전쟁의 아픈 역사를 한눈에 볼 수 있다. 고속도로 운전 중 무료함을 달래줄 '야구 연습장'이 있다.

'칠곡(서울방향)휴게소'는 뷔페형 자율식당을 운영한다. 메뉴는 '카레' '불고기' '돈가스' '생선가스' '제육볶음' '주꾸미볶음' '계란찜' '겉절이' '미역줄기볶음' '샐러드' 등을 진열대에서 선택할 수 있다. 일행이 여럿이라면 다양한 메뉴를 선택하여 서로 나누어 먹기에 적합하다. 인근 대구의 '대구 10미'는 대구따로국밥, 막창구이, 뭉티기, 동인동 찜갈비, 논메기매운탕, 복어불고기, 느른국수, 반고개무침회, 야끼우동, 납작만두다. 10미 중 2022년 도로공사 ex-food에 선정된 '대구따로국밥' 9,500원과 '동인동찜갈비' 25,000원, '반고개무침회' 35,000원 등을 휴게소에서 맛볼 수 있다.

근처 관광명소 대구 '팔공산(1,193m)'은 비로봉을 중심으로 동봉과 서봉이 양 날개를 펴고 있다. 대한불교 조계종의 제9교구 본산인 동화사를 비롯해 '은해사'가 있고, 국보 제14호인 은해사 거조암 영산전, 국보 제109호인 군위 삼존석불, 동화사 입구 마애불좌상, 운부암 청동보살좌상 등의 보물과 가산산성이 있다. 동화사 근처의 자연공원에는 공중케이블카 등 위락시설도 있다.

대구광역시 달성군 유가읍 용리에 있는 '비슬산자연휴양림'도 명소로 꼽힌다. 자연휴양림으로 유가사, 화원유원지, 봉황사, 대견사지

삼층석탑, 청도온천, 진흥왕순수비 등이 있다. 해발 1,058m의 조화봉을 중심으로 1,084m의 대견봉과 관기봉을 좌우에 거느린 휴양림으로 산 중간 능선까지는 주로 침엽 수립이 울창하게 숲을 이루고 있으며, 상부 능선까지는 기암괴석과 단풍이 절경을 이루고 있다. 봄철의 진달래와 여름 안개, 겨울 얼음도 장관이다. 능선 정상의 완만한 부분에 참억새가 군락을 이루고 있고 자연경관 그대로인 수백 개의 커다란 바위가 군락을 이룬 '바위마당'이 있다. 휴양지에는 숲속의 집과 야영장, 연못, 잔디광장, 사진 촬영소, 어린이 놀이터, 폭포샤워장, 삼림욕장 등과 자연석들이 널려 있는 산책로 '탐석로'가 있다.

추풍령(부산방향)휴게소

'추풍령휴게소(秋風嶺休憩所)'는 1970년도에 건설된 우리나라 최초의 고속도로 휴게소다. 부산 기점에서 213km 떨어진 경상북도 김천시 봉산면 양방향에 모두 휴게소가 있으며, 서울-부산고속도로의 개략적인 중간지점이다. 화물차 라운지가 있고 화초류로 장식한 건물 내부와 건물 후면의 조망이 훌륭하고 쾌적하다.

장년층이라면 누구나 한 번쯤 경험한 기억이 있을 것이다. 고속버스를 타고 가다가 휴게소에 내려서 화장실 이용하고, 공중전화 하고, 버스가 떠날까 조마조마하면서 먹던 우동 한 그릇이 기막히게 맛있던 추억의 휴게소다. 그런 기억이 새록새록 피어나는 추풍령휴게소는 상하행선 모두 건물이 오래되어 2019년도에 신규 건물로 새로 지어서 지금은 현대식으로 아주 깔끔한 휴게소가 되었다. "구름도 자

'추풍령휴게소'는 1970년도에 건설된 우리나라 최초의 고속도로 휴게소다. 화물차 라운지와 건물 후면의 조망이 훌륭하고 쾌적하다.

고 가고, 바람도 쉬어가는 추풍령고개"라는 옛 노랫말 때문에 고도가 상당히 높은 곳으로 인식되나 실제로는 250여m 밖에 안 된다.

'추풍(秋豊)'은 가을의 풍년을 뜻하는데, 이것이 후대에 더 시적인 표현인 '추풍(秋風)'으로 변한 듯하다. 그러나 시적인 추풍령(秋風嶺)이라는 이름 때문에 옛날 영남의 선비들이 과거를 보기 위해 한양으로 갈 때, 이 고개를 넘으면 고개 이름대로 추풍낙엽(秋風落葉)처럼 떨어질까 두려워서 넘기를 꺼렸다고 한다. 추풍령휴게소 일대는 역사·생태 힐링 관광지로 개발 중이며 인근에 '괘방령 장원급제길'도 복원할 계획이다.

역사 깊은 추풍령휴게소의 먹거리는 '흑돼지불고기' 8,500원과 직접 끓여 먹는 '흑돼지김치전골' 9,500원, '얼큰칼제비' 9,000원이 인기다. '흑돼지불고기'는 양배추, 파, 팽이버섯 등의 채소가 들어가고 양념 소스는 달콤하고 매콤하며 고기도 야들야들하여 맛이 좋다. 김치, 콩나물, 무말랭이, 고들빼기 등의 반찬이 푸짐하게 내어준다. '흑돼지김치전골'은 고객이 직접 인덕션에 조리해 먹을 수 있다. 팽이버섯, 느타리버섯, 파, 당면, 흑돼지가 들어가며 칼칼하고 매콤해 인기가 높다. 라면 사리도 넣어 먹을 수 있어 뜨끈한 국물에 날씨가 쌀쌀한 때 많이 찾는다. '얼큰칼제비'는 9,000원으로 쫄깃쫄깃한 칼국수면에 수제비와 달걀지단, 김, 채소 등이 들어가고 공깃밥에 김치가 제공되고 얼큰해서 인기가 높다.

추풍령휴게소 안에 설치된 1970년 서울 부산간 경부고속국도준공기념비

추풍령휴게소가 있는 추풍령IC에서 8km 지점에 있는 유명 사찰 직지사는 고구려의 아도(阿道)가 지었다는 설이 있으나, 현재 사적비(寺蹟碑)가 소멸해 확실한 것은 알 수 없다. 418년(눌지왕 2)에 묵호자(墨胡子)가 경북 구미시에 있는 도리사(桃李寺)와 함께 창건했다고 전해진다. 직지사라는 절 이름은 절터를 잴 때 자를 쓰지 않고 직접 손으로 측량한 데서 붙여졌다. 경내에는 보물 319호 석조약사여래좌상, 보물 606호 대웅전 앞 3층 석탑, 보물 607호 비로전 앞 3층 석탑 등 다양한 문화재가 있다. 직지라는 한글 명칭이 같은 세계 최초의 금속 활자본 '직지심체요절'은 고려시대 승려 경한(景閑)이 선(禪)의 요체(要諦)를 깨닫는 데 필요한 내용을 뽑아 엮은 책으로, 직지사는 직지심체요절과는 관련이 없고 직지가 간행된 곳은 청주시에 있던 흥덕사다.

주변 '사명대사공원'은 체류형 관광 테마공원으로 백두대간 황악산의 아름다운 자연과 직지사 등 문화와 역사 자원을 연계하여 자연 속에서 쉬며 체험하는 관광지다. 공원 내 한옥형 숙박 시설, 대관할 수 있는 연회실, 접견실 등이 있고 족욕 등 건강 문화를 체험할 수 있는 실내·외 체험실과 다도를 할 수 있는 솔향 다원, 한복체험관 등 다양한 시설과 프로그램이 있다.

참고로 사명대사는 1592년 임진왜란 때 승병을 일으켜 평양성 전투와 서울 근교 삼각산(현 북한산) 노원평과 우관동 전투에서 일본군을 크게 무찌르는 업적을 세운 분이다. 전쟁이 끝난 후에는 사신으로 일본에 건너가 8개월의 노력 끝에 전란으로 잡혀간 3,000여 명의 동포를 데리고 조선으로 돌아왔다.

정읍(광주방향)녹두장군휴게소

　호남고속도로 대전과 광주로 가는 길목의 '정읍녹두장군휴게소'는 순천 기점에서 133km 떨어진 곳에 있으며, 특히 영화 〈로마의 휴일〉을 콘셉트로 삼은 화장실 인테리어가 고객들의 선풍적인 호응과 인기를 얻고 있다. 정읍지역 관광 홍보전시관도 다양한 구경거리가 있다.

　정읍휴게소는 명칭에서도 알 수 있듯이 농민운동의 선구자였던 전봉준을 기리기 위해 녹두장군이라는 명칭을 휴게소에 함께 적었다. 특히 피크닉존과 서비스콜 주차구역을 별도로 만들어 피곤할 때 전화로 요청하면 일정 시간 후에 알람을 해주는 서비스를 제공한다. 건물 인근의 공원을 잘 가꾸어서 휴게소 주변 경치가 좋다.

주요 메뉴는 '녹두장군오리탕' 12,000원이 있다. 명칭에 장군이라는 표시가 들어가 있어서 먹으면 왠지 힘이 날 것만 같은 음식이다. 오리살과 미나리, 양파, 대파, 된장, 고춧가루, 다진 마늘, 들깻가루 등이 주재료로 들어간다. '귀리떡갈비비빔밥' 9,000원도 있다. 귀리밥에 떡갈비, 김, 상추, 나물에 국과 콩나물, 멸치볶음, 김치, 깍두기, 등을 반찬으로 제공하는 메뉴다. 웰빙식으로 반응이 좋다. 또한 도공 ex-food의 동상 수상 작품인 '매콤한닭구운면'과 지역특화 식물인 녹두를 주재료로 만든 '녹두송편'이 간식으로 인기가 있다. 더불어 정읍녹두장군휴게소에는 '1 휴게소 1 명품 지역 맛집 유치사업'에 '백년가게'로 유명세를 치르고 있는 '신가네 정읍 국밥'이 입점해 '신가네국밥' 9,500원이 고객들의 입맛을 사로잡고 있다.

주변 관광지는 단풍으로 유명한 '내장산'이 있다. 영은산(靈隱山)이라고도 하며 높이는 763.5m다. 가을철 단풍이 아름다워 옛날부터 조선 8경의 하나로 꼽힌 곳이다. 백제 때 영은 조사가 세운 내장사와 임진왜란 때 승병들이 쌓았다는 내장산성이 있으며 금선폭포, 용수폭포, 신선문, 기름바위 등이 명소다. 1971년 서쪽의 입암산(笠巖山, 654m)과 남쪽 백양사 지구를 합하여 국립공원으로 지정했다. 산 정상에는 가파른 절벽 많고 신선봉과 장군봉 등에 있는 굴거리나무 군락은 천연기념물 제91호로 지정되었다.

다음은 휴게소 명칭에 사용된 정읍 녹두장군 연관 유적지가 있다. '동학혁명의 도시 정읍'이라는 관광안내판이 크게 설치된 '동학농민혁명기념관'은 동학농민군의 최초 전승지인 황토현전적지(사적 295호)에 있는 기념관으로 동학농민혁명의 전개 상황을 살펴볼 수

로마의 휴일을 테마로 한 정읍녹두장군휴게소의 화장실

있는 '상설전시실'이 있다. 주요 소장품은 흥선대원군 효유문, 동경대전 등이 있다. 동학혁명 때 전국적으로 많이 불려 졌던 "새야 새야 파랑새야 녹두밭에 앉지마라 녹두꽃이 떨어지면 청포 장수 울고 간다."라는 동요가 있다. 동학 농민 운동(1894) 당시 일본군이 푸른색 군복을 입어 '파랑새'는 일본군을 뜻하며 전봉준이 녹두장군이라 불리었던 점을 보아 '녹두밭'은 전봉준, 동학농민군을 상징하고 '청포장수'는 백성을 상징한다. 노랫말로 추측할 수 있듯이 우리 민족은 나라 잃은 서러움을 시적으로 승화하여 단합을 강조하고 민족의 얼을 찾으려고 노력했던 것을 알 수 있다.

금산인삼랜드(통영방향)휴게소

대전-통영고속도로에 있는 '금산인삼랜드휴게소'는 대전에서 진주, 통영으로 가는 길의 첫 번째 휴게소다. 충청남도 금산군 군북면 외부리에 있는 통영-대전고속도로에 있는 양방향 휴게소이며 휴게소 명칭은 금산군과 특산물인 인삼을 병합해서 사용했다.

근래에 리뉴얼 공사가 완료되어 깔끔하게 단장된 이곳은 고속버스 환승이 가능한 환승휴게소다. 가장 큰 특색은 분수대와 족욕탕, 연못이 있는 '수변공원'이다. 주변에는 인삼재배 체험 밭이 있어서 인삼이 자라는 광경을 볼 수 있고 닭, 공작, 도끼 등의 동물과 커다란 인삼모형을 배경으로 만들어진 포토존이 있다.

이 휴게수는 명칭에서 표현된 바와 같이 인삼을 많이 재배하는 지역에 있어 인삼과 관련한 메뉴가 많다. 대표메뉴 '인삼가마솥비빔밥' 9,000원은 인삼, 무생채, 치커리, 고사리, 당근, 대추, 달걀지단과 함께 장국이 나온다. '인삼흑돼지돈가스' 9,500원은 순살 돈가스, 장국, 양배추, 마카로니와 드레싱 소스에 인삼이 들어간 웰빙 메뉴다. 인삼 세 뿌리가 제공되는 '인삼튀김' 5,000원도 있다. 다른 휴게소에는 없는 특산 간식이라 고객들에게 인기가 높다. 이외에 인삼, 참마, 우유를 갈아서 제공하는 '생인삼마즙' 주스가 있다.

 인삼의 고장 '금산'은 10경, 10미, 10품이 있다. 금산 10미는 금산의 대표 음식으로, 금산 인삼 튀김 등이 있으며, 금산 10품은 금산의 대표 특산물로 금산 인삼 등이 있다. 금산 10경은 빼어난 자연경관과 함께 관광객이 많이 찾는 지역 명소인데, 10경 중 월영산을 소개한다. 월영산과 부엉산 사이를 잇는 월영산 출렁다리는 높이 45m, 길이 275m의 무주탑 형태의 다리로 2022년 4월에 개통했다. 출렁다리 아래로 금강 상류 물줄기가 흘러 산과 강이 조화된 아름다운 수변 경관을 한눈에 조망할 수 있다. 또한 주탑이 없는 형태로 설계되어 출렁거림이 강하게 느껴져 아찔함을 즐길 수 있다.
 '금산인삼 전시관'을 놓칠 수 없다. 이곳은 금산 인삼의 우수성을 국내·외에 널리 알리고자 인삼에 관한 모든 정보를 쉽게 이해할 수 있도록 만든 인삼 종합전시관으로, 조선시대 인삼 무역을 독점했던 상인 임상옥에 관한 자료가 보관돼 있다. 금산 인삼 역사관, 인삼 과학관, 인삼 산업관, 인삼 음식관, 인삼 약초관 등으로 나누어 관람할 수 있다. 금산 인삼 역사관은 인삼재배 역사가 1,500년에 이르는 금산 인삼에 관한 자료가 있다. 2층에는 인삼 약초관과 건강 생애관이

금산의 상징인 인삼조형물이 있는 금산인삼랜드휴게소의 수변공원은 지역 특산물을 홍보하는 좋은 사례다.

있으며 금산 인삼에 대한 설화, 인삼의 효능을 설명하는 자료와 인삼 제품이 주로 전시돼 있다.

금산인삼은 '세계 농업 유산'에 등재되어 있다. 유엔식량농업기구(FAO)가 2002년부터 세계적으로 독창적인 농업 시스템, 생물다양성과 전통 농업 지식 등을 보전하기 위해 도입했으며, 2018년 7월 기준 20개국 50여 개 지역이 등재되어 있다. 인삼으로는 세계 최초라고 한다. 농가별로 자가 채종 방식을 고수해 오면서 다양한 재래 인삼 종자를 지속해서 보유, 보전해 오고 있다는 점이 유산적 가치로 높게 인정받았다.

입장거봉포도휴게소

경부고속도로 대전에서 서울로 올라오는 중간지점의 '입장거봉포도휴게소'는 서울방향에만 휴게소가 있다. 개장 당시 명칭은 입장휴게소였으나, 2019년 11월에 현재의 입장거봉포도휴게소로 명칭을 변경했다. 당초 화물차 휴게소로 1996년도에 개장하였기 때문에 주차장이 매우 넓다.

2층에는 안마기, 족욕, 운동기구, 세탁, 인터넷, 도서 등과 화물차 기사를 위한 샤워장을 갖춘 휴게텔이 있다. 모두 무료로 일반인도 사용할 수 있지만 남성 전용 시설이다. 포도가 유명하여 포도 체험장이 있고 졸음을 싹 날려버릴 수 있는 야구 연습장을 비롯해 졸음운전 예방을 위한 산책로와 운동기구가 설치되어 있는 '야외 공원'이 있다. 또한 출입구 바닥에 설치한 '클린 매트'가 신발을 통해 유입되는 유해 물질과 미세먼지를 원천 차단하는 '공기 정화시스템'과 휴게소 내에 설치된 공기살균기 3대가 각종 바이러스나 미세먼지를 저감 한다. 이밖에 세계 최초로 100% 순환골재를 사용해 만든 '되돌림 화장실'은 자원의 중요성을 새롭게 인식시킨다.

포도를 많이 재배하는 지역이라 포도 관련 메뉴가 많다. '입장거봉포도돈가스' 10,000원은 포도즙에 12시간 숙성한 국내 돼지 등심을 사용한다. 따라서 등심은 보라색을 띠며, 씹히는 맛이 부드럽고 담백해 고객의 입맛을 사로잡는다. 대체육을 활용한 6,500원의 '콩고기된장찌개'는 도로공사의 ex-food에 선정된 메뉴다. 특별히 국내 농

넓은 주차장과 안마기, 족욕, 운동기구, 샤워장을 갖춘 입장거봉포도휴게소

산물우수관리 인증을 받은 쌀을 사용하고, 김치도 해썹 인증받은 국내산 김치를 사용하는 이곳은 식자재의 고급화와 차별화를 고집한다. '1 휴게소 1 먹거리 추진'을 위해, 인근지역의 유명한 '박순자 아우네순대'를 입점해 '순대국밥' 9,000원, '모듬순대' 14,000원을 판매한다.

주변 볼거리는 매년 삼일절 행사를 개최하는 '독립기념관'이다. 천안시 동남구 목천읍에 있는 기념관으로 1987년 개관했다. 규모는 대지면적 30만여 평, 건축면적은 1만 2천여 평에 이른다. 독립기념관의 중심 홀인 '겨레의 집'은 고려시대 건축물인 수덕사 대웅전(국보 제49호)을 모방하여 설계된 건물이다. 1993년 상하이 대한민국임시정부 청사복원, 1995년 충칭 대한민국임시정부 청사복원, 석기, 청동기, 도자기, 고문헌 모형 등 한국사와 독립운동을 조망하는 유물 90,000여 점을 소장하고 있다. 1995년 8월 15일 '통일염원의 동산'을 준공했다. 우리 고유 수종인 '청단풍'으로 조성된 단풍나무 숲길은 수령 20년이 넘은 나무가 터널을 이루고 있어, 단풍 구경과 함께 민족의 국난 극복 역사를 되새기며 산책할 수 있다.

한곳을 더 소개하면 충청남도 천안시 동남구 병천면에 가면 유관순 열사가 '독립 만세'를 외쳤던 아우내장터와 부근의 '순대 골목'이다. 전국적으로 유명한 병천순대는 돼지 소창에 당면과 배추, 양배추 등 채소를 넣어 만든다. 인근에 1일과 6일에 열리는 '병천장'이 있어서 날짜가 맞으면 전통 오일장을 구경할 수도 있다.

문경(창원방향)휴게소

중부내륙고속도로에 있는 '문경휴게소'는 김천에서 올라오다 상주를 지나서 만나는 휴게소다. 경북 문경시 유격동에 있으며, 중부내륙고속도로가 개통한 2004년 12월에 오픈했다. 화물차 라운지와 기사용 수면실이 있는데 하루 이용 인원이 150명 정도다.

문경휴게소에는 아이들을 위한 모형 동물원 '사파리존'과 야외놀이 공간 '키즈랜드'가 있다. 기차모형, 우체국, 경찰서 등 동심을 자극할 만한 시설과 화장실과 건물 전면 '키즈랜드'에는 마징가제트, 태권브이 로봇, 트랜스포터 등 피규어가 많이 설치되어 있어 아이들과 셀카 찍기 좋은 포토존 역할을 한다. 수유실도 아기자기하고 편안하게 잘 꾸며져 있다. 이 휴게소에서 가장 독특한 것은 일 년에 2회만 수거하는 '느린 우체통'이다. 상단에 넣으면 6월 31일에 수거하고,

하단에 넣으면 12월 31일에 수거한다. 빨리빨리 문화에 익숙한 현대인에게 '느림의 미학'을 전하는 독특한 우체통이다.

대표 먹거리는 문경 지역의 돌 '정석'을 갈아서 사료에 섞여 먹인 돼지고기를 사용하여 조리하는 '약돌돼지제육볶음' 9,500원이 있다. 이 메뉴는 약돌 제육, 양파, 대파, 불고기 양념들을 주재료로 하여 된장국과 함께 제공한다. 두 번째는 오미자로 유명한 문경의 특산음식으로 '오미자등심돈가스' 11,000원이다. 원래 오미자는 5가지 맛을 내는 식재료로 감기를 예방하고 면역력을 높이는 약재료도 사용하는 재료라 건강식으로 인기 있는 메뉴다. 세 번째로는 '문경오미자차'가 고객들의 반응이 좋다. '청풍명월국밥' 10,000원도 인기 메뉴로 10시간 이상 푹 끓인 사골 육수에 충북의 송화버섯, 증평의 인삼, 단양의 마늘을 이용한 충북지역의 특산물로 만든 메뉴다. 도로공사에서 전문가들의 의견을 반영해 지역 특산품을 조합하여 준비한 메

문경(마산방향)휴게소에는 모형 동물원 '사파리존'과 야외놀이 공간 '키즈랜드'가 있다.

뉴라 인기가 높다. 또 지역 맛집 유치 메뉴로는 백년가게로 유명한 영주의 '나들이 쫄면' 8,000원을 판매하고 있다.

문경휴게소 주변에는 '문경새재'가 있다. 새도 날아서 넘기 힘든 고개라는 뜻으로 조령(鳥嶺)이라고도 한다. 풀이 우거진 고개[草岾] 또는 하늘재와 이우리재 사이에 있는 고개라는 뜻에서 '새재'로 했다는 설과 새로[新] 생긴 고개라는 뜻에서 '새재'로 지었다는 설도 전해진다. 문경관문이 사적 147호로 지정된 뒤 1997년 문경새재박물관을 개관한 데 이어 KBS 촬영장과 문경새재 야외공연장을 개장했다. 문화유적으로는 옥소권섭영정(문화재자료 349), 조령원터, 동화원터, 혜국사, 용화사지, 안정암지, 충렬사, 대궐터 등이 있다. 하늘재, 이화령, 주흘산, 조령산(1,026m), 여궁폭포, 용추폭포, 기름틀바위, 조령약수, 폭포, 계곡과 기암, 약수 등이 곳곳에 흩어져 있다. 그밖에 민속박물관, 유스호스텔, 사계절 썰매장이 있고 인근에 문경온천, 문경석탄박물관, 활공랜드 등 다양한 볼거리가 있어 사시사철 사람들의 발길이 끊이지 않는다.

두 번째로는 지역 특산품 '오미자 터널'이다. 문경시 미성면에 있는 문경과 점촌 사이 석탄을 실어 나르는 용도로 이용되었던 터널을 개발하여 540m 길이의 관광목적 터널로 재탄생한 곳이다. 오미자 형상물과 공룡이 천정에서 나올 것 같은 트릭아트가 있고 오미자 관련 제품을 전시 판매한다. 오미자 모양의 우산 터널이 인상적이며 동심을 자극하는 개구리 왕눈이, 피카츄, 둘리 벽화 등이 다양하게 있어서 가족이 함께 방문하면 아이들이 좋아할 관광지다.

오창(하남방향)휴게소

'오창(하남방향)휴게소'는 충북 청주시 청원구 오창읍에 있는 휴게소로 대전에서 올라오는 중부고속도로의 첫 휴게소다. 오창이 확대 발전되며 휴게소 이용 인원이 늘어나고 건물이 노후되어 2022년도에 새 건물을 신축하고 구건물도 대대적인 리모델링을 거쳐 쾌적하게 확장되었다.

1987년도 12월 중부고속도로 개통 5년 후인 1992년 12월에 오픈한 오창휴게소는 신규 설치한 건물 근처의 청주공항을 테마로 휴게소 2층 전체를 비행기 전시장 카페로 꾸몄다. 전시된 수백 대의 비행기 모형은 민간 항공기뿐 아니라 전투기까지 총망라하여 전시하고 있다. 특히 최초로 비행기를 만든 라이트 형제의 최초 기종 모형과 설명이 흥미롭다. 우리나라 모든 비행기의 날개나 꼬리 부분에 표시된

HL이 자동차의 번호판처럼 우리나라의 '국적 기호' 또는 '국가 고유 코드'를 표시하는 것도 설명되어 있다. 'VR 드론 체험장'과 드론을 직접 시뮬레이션으로 체험해 볼 수 있는 공간이 인상적이다.

휴게소는 신관 건물에 맛집으로 청주 육거리 시장에서 100년 가게로 유명한 '금강설렁탕' 10,000원을 판매하고 있다. '씨 국물'에 새로운 육수를 넣어 24시간 끓이고, 조리한 설렁탕이다. 살코기가 많이 들어가고 진하게 우려낸 설렁탕 국물은 담백하고 잡내가 나지 않으며 인공 첨가물 없이 전통 방식 그대로 맛을 낸 설렁탕의 진미가 느껴진다. 참고로 '백년가게'란 30년 이상 명맥을 유지하면서 고객의 사랑을 받아 온 점포 가운데 중소기업부에서 그 우수성과 성장 가능성을 높게 평가받아 공식 인증 받은 점포를 말한다. 라면과 같이 먹어야 제맛을 내는 '충무김밥'은 6,000원이다. 원래 충무김밥은 뱃일하는 사람들이 바다에 나갈 때 음식을 상하지 않고 오래 보관할 목적으로 김밥과 들어가는 내용물을 따로 제공해 주던 메뉴다. 근래에는 충무김밥과 함께 'ex-라면'을 많이 주문한다. 참고로 'ex-라면'은 도로공사에서 전문가에게 자문받아 고품질 스프를 개발해 라면의 품질을 높인 제품이다.

주변 관광지로 세종대왕이 치료받은 '초정약수터'를 소개한다. 오창에서 동북쪽으로 약 16km 지점에 있는 초정약수는 매콤하고 차가운 천연 탄산수가 솟아 나오는 영천으로 널리 알려졌다. 『동국여지승람』과 『왕조실록』에 세종대왕이 행차하여 60일간 이곳에 머무르며 안질을 치료한 유서 깊은 약수터의 유래가 밝혀져 있다. 초정약수

효험이 탁월한 것은 물속에 포함된 다량의 라듐 성분 때문으로 추정되는데 이는 눈병 등 안질환뿐 아니라 피부질환에도 효과가 큰 것으로 알려져 있다. 600년 이상의 역사를 지닌 초정리 광천수는 FDA에서 인정한 세계적인 광천수다. 세계 광천학회에서 미국의 샤스터, 독일의 아폴리나리스와 함께 세계 3대 광천수(鑛泉水)로 꼽고 있다. 주변에 문경온천, 문경석탄박물관, 활공랜드 등 다양한 볼거리와 즐길거리가 있어 사시사철 사람들의 발길이 끊이지 않는다.

두 번째로 청주시 상당구 산성동에 있는 성곽 '상당산성'이 있다. 1970년에 사적 제212호로 지정되었는데 산성 이름에 붙은 '상당(上黨)'은 청주의 옛 지명이다. 백제 때 청주목을 상당현이라 불렀다. 상당산 계곡을 둘러 돌로 쌓아 만든 산성으로 백제 때부터 이미 이곳에 토성이 있었던 것으로 짐작된다. 『삼국사기』에는 통일신라 초기에 김유신의 셋째 아들이 서원술성을 쌓았다는 기록이 있는데 이때 쌓은 것으로 추측한다. 지금의 성은 임진왜란 때에 일부 고쳤으며 숙종 42년(1716)에 돌성으로 다시 쌓았다. 성벽은 네모나게 다듬은 화강암으로 쌓았고 성안에 5개의 연못과 3개의 사찰, 관청건물, 창고 등이 있었는데 현재는 문과 치성만 남아 있다. 정상에 오르면 서쪽으로 청주·청원 시내가 한눈에 내려다보여 서쪽 방어를 위해 쌓은 곳임을 알 수 있다.

이천쌀(통영방향)휴게소

'이천쌀휴게소'는 경기도 이천시 마장면에 있는 중부고속도로 휴게소다. 동서울에서 대전으로 내려가면 하남을 지나서 있는 휴게소로, 이천쌀(통영방향)휴게소는 중부고속도로에서만 진입할 수 있고, 하남방향의 경우는 중부고속도로와 제2중부고속도로에서 진입할 수 있다.

특히 이천쌀(통영방향)휴게소의 경우는 올해 11월 1일부터 이천휴게소에서 이천쌀휴게소로 명칭을 변경하여 지역 특산물을 알리고 있다. 휴게소 인 모든 식당에서 이천 쌀로 지은 밥을 손님에게 제공하고 호두과자와 아이스크림 등 식품에도 이천 쌀이 들어간다.

도로공사가 선정한 '휴게소 10대 사진 명소'에 선정되었다. 고속도로 휴게수가 개성 있는 테마를 도입하는 추세에 부응하여 서창상회,

이천 헌책방, 옛날영화관, 옛날 수도 펌프 등 옛 추억이 새록새록 묻어나는 곳에 다양한 옛날 잡지와 옛날 생활용품을 전시하고 있어 배경으로 사진 찍기에 좋다. 또 도자기가 유명한 지역이라 화장실에 다양한 도자기를 많이 전시하여 지역 특성을 부각했다.

이천(통영방향)휴게소는 '장터국밥'을 6,500원에 판매하고 있다. 요즈음 6,000원대의 가격으로 식사할 수 있는 곳이 별로 없는데, 도공에서 권장하는 실속 상품으로 우거지가 많이 들어가고 국물 맛이 좋으며 반찬으로 깍두기, 김, 콩나물 등을 제공하는 가성비 좋고 맛있는 메뉴다. 또한 '효자동설렁탕'은 유명한 설렁탕으로 진한 사골국물이 특징이다.

이천은 도자기를 만들기 위해 필요한 흙이나 굽기 위한 땔감을 비교적 쉽게 구할 수 있을 뿐만 아니라, 서울과 가까워 최적의 지리 조건을 갖춘 곳이다. 임진왜란을 기점으로 위기를 맞이한 한국 도자기의 미래를 위해 1950년대 후반, 유명한 도공들이 이천에 자리 잡아 전통 도자기를 연구하기 시작했다.

이를 바탕으로 이천은 대한민국 유일의 도자산업 특구 도시로 선정되고, 2010년 국내 최초 유네스코 '창의 도시'로 지정되었다. 이천시는 도자 문화의 본산으로서 도자 예술인들의 꿈을 더 넓게 펼쳐나가고 다양한 분야의 예술인들이 문화생활을 즐길 수 있도록 '이천도자예술마을'을 조성했다.

이천도자예술마을은 쾌적하고 효율적인 공간에서 예술가들의 활발한 창작활동을 지원하기 위해 2008년도에 12만 평의 부지를 조성하여 만든 도자예술마을이다. 도자기를 중심으로 회화, 규방, 목공예, 한지공예 등 다양한 공방들이 입주해 있다. 또한 도자공방, 전통가마, 가구공방 등의 제작 및 판매시설을 갖추고, 국내외 방문객들을 위한 게스트하우스와 특산물 판매점을 통한 다양한 문화지원시설을 운영한다.

인테리어 소품, 욕실용품, 유리공예, 가죽공예, 섬유공예 등 다양한 분야의 수공예 공방을 통해 다양한 볼거리와 즐길 거리를 제공한다. 찾아가는 길은 중부고속도로 호법JC에서 10분, 서이천IC에서 5분 내의 거리에 있다.

안산복합휴게소

'안산복합휴게소'는 영동고속도로 인천에서 강릉으로 가는 초입에 있는 양방향 통합 민자휴게소다. 휴게소 명칭은 소재한 안산시에서 유래되었고, 경기도 안산시 단원구에서 2022년 5월부터 영업을 시작했다. 2층에 야외 쉼터가 잘 조성되어 있다.

수도권 전철 서해선 달미역이 안산복합휴게소 서쪽에 있고 양방향 진출입 램프가 설치되어 자유롭게 이용할 수 있다. 내린천휴게소처럼 1층은 인천방향, 2층은 강릉방향 운전자가 이용할 수 있다. 서창분기점에서 강릉방향으로 15km 정도 거리에 있으며 다음 휴게소인 '용인휴게소'까지 41km나 되기 때문에 쉬어 가는 이용객이 많다.
휴게소 외벽이 우주선을 닮은 것이 특색이다. 2층을 막지 않고 터서 1층에서 지붕까지 보이고 자연채광이 들어올 수 있도록 지붕은 투

외벽이 우주선을 닮은 안산복합휴게소는 로봇이 음식을 요리하는 최초의 휴게소다. 고속도로 휴게소에서는 보기 드문 드라이브스루 매장도 있다.

명하다. 안산복합휴게소에는 드라이브스루 매장이 있다. 강릉방향 주차장 맨 왼쪽 LPG 충전소 옆의 드라이브스루 매장은 괴산(마산)휴게소 울주휴게소에 이어 고속도로 휴게소 중 세 번째 매장이다. 휴게소를 찾는 고객은 휴식이 목적이라 차에서 내리지 않고 이용하는 드라이브 스루 매장은 인기가 별로 없어 설치된 휴게소가 드물다.

주요 먹거리는 '안산가마솥장터국밥' 9,900원이다. 가성비가 매우 좋은 는는한 돌솥 국밥으로 밥을 먹고 나면 따뜻한 물을 부이서 만든 누룽지를 먹을 수 있다. 국물은 매콤한 편이며 반찬은 어묵, 단무지, 김치, 김 등을 제공한다. 오랜 운전으로 뜨끈한 국물이 먹고 싶을 때 좋다.

'안산가마솥설렁탕'도 '돌솥밥'이 제공된다. 간간한 국물에 고기가 많이 들어있고 반찬은 오징어젓갈, 양파, 고추, 깍두기 등이 제공된다. 특히 이 휴게소에서는 로봇이 요리를 한다. 로봇이 커피를 타주는 휴게소는 여러 곳이 있으나, 음식을 로봇이 조리하는 휴게소는 최초다. '로봇 웍'이 음식을 조리하는 신기한 모습을 볼 수 있다.

주변에는 독특한 '안산갈대습지공원'이 있다. 경기도 안산시 상록구에 있는 국내 최초의 인공 습지로, 시화호의 수질개선을 위해 조성한 공원이다. 1997년 착공하여 2005년 12월 완공한 이 공원은 본래 '시화호습지공원'으로 불렸으나 2014년 4월 관할 주체가 한국수자원공사에서 안산시와 화성시로 나뉘어 넘어가면서 안산시 쪽과

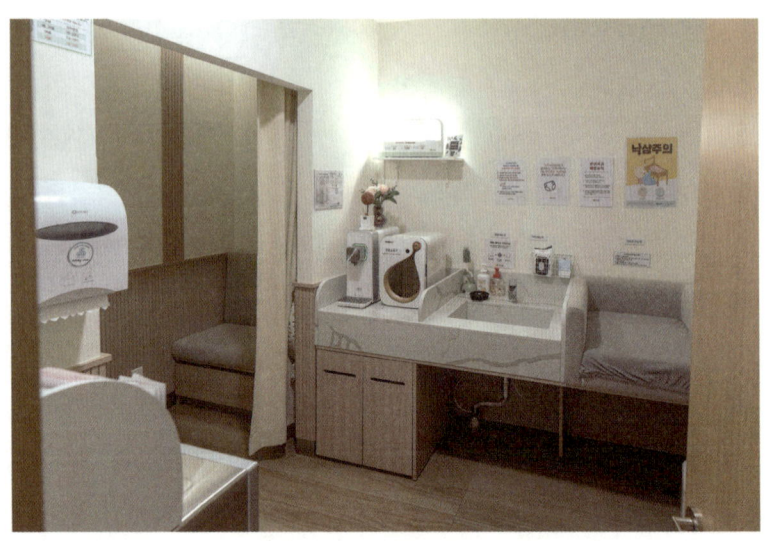

위생적이고 안락한 안산복합휴게소의 수유실은 엄마와 아기가 쉬어 가기 좋다.

화성시 쪽을 각각 '안산갈대습지공원'과 '비봉습지공원'으로 구분했다. 2014년부터 안산갈대습지공원의 '람사르 습지 등재'를 추진하고 있으며, 시화호 생태계 회복을 보여주는 척도 역할을 한다.

  습지 가운데에는 야생동물들이 쉴 수 있는 인공섬이 있다. 2층의 환경생태관은 전시장과 전망대로 이루어져 있고 생태관 앞에는 습지에서 정화된 물이 마지막으로 빠져나가는 생태연못이 있다. 연못 주변에는 붓꽃, 노랑꽃창포, 수련 등을 철 따라 볼 수 있다.

  이밖에 각종 나무와 야생 화초류를 심은 야생화 꽃길이 있고 습지를 관찰할 수 있는 1.7km의 탐방로가 마련되어 있다. 오리, 해오라기, 장다리물떼새, 황오리, 중대백로 등 다양한 철새도 관찰할 수 있다.

  '안산복합휴게소'를 이용할 때 주의해야 할 점이 있다. 주차장에 진입할 때 꼭 속도를 줄여야 한다는 점이다. 인천방향 진입로의 내리막 경사가 제법 심하다. 그런데 휴게소 주차장에 화물차 주차 공간이 너무 적어 화물차가 승용차 주차구역을 가로막고 있는 경우가 많은 편이다. 그래서 과속으로 진입하면 위험하니 주의해야 한다.

평택복합휴게소

'평택복합휴게소'는 평택-제천고속도로에 있으며 상하행선이 모두 이용하는 통합휴게소다. 2020년에 오픈하여 시설이 아주 쾌적한 민자휴게소로 건물 외관과 내부 공간 모두 매우 수려하며 2층 타원형 형태의 건물 중간의 전장 공간이 이용객의 휴식 공간이다.

평택시흥고속도로 '송산포도휴게소'와 평택제천고속도로 '안성맞춤휴게소' 구간 거리가 64km로 매우 멀어서 거리 문제를 해소하기 위해 2020년 9월에 신설, 개장했다. 다양한 식사류나 커피 등의 유명 브랜드 매장 이용객이 많다.

화물차 라운지 내에는 샤워실과 수면실, 건강센터, 세탁실, 체력단련실 등과 '수유실' '가족사랑 화장실'이 잘 준비되어 있다. 백화점과 규모가 비슷한 식사류, 간식류, 의류 잡화매장, 게임존이 따로 있

2020년에 오픈한 평택복합휴게소는 건물 외관과 내부 공간 모두 매우 수려하며 2층 타원 형태의 건물 중간의 전장 공간이 이용객의 휴식 공간이다.

고 편의시설도 다양하게 설치되어 복합휴게소라고 한다. 특히 화장실은 품격이 있고 쾌적하며 이용이 편리해, 전국의 공중화장실을 대상으로 선정하는 '아름다운 화장실' 선정에서 '은상'을 수상했다. 휴게소 건물은 '2022년 대한민국 국토대전' 공공디자인 부문에서 '국토부장관상'을 수상했다. 그만큼 시설이 수려하고 이용이 편리하며 타 시설에 비해 차별성이 크다.

일반휴게소와 복합휴게소의 차이는 휴게소 운영권의 주체로 나뉜다. 도로공사에서는 휴게소 운영업체를 선정하는 방법이 두 가지가 있다. 하나는 도공에서 직접 건물을 지어주고 운영권을 주는 운영권자 선정 방식과 평택복합휴게소처럼 도공은 부지만 제공하고 건물은 민간에서 창의적인 아이디어를 첨가하여 첨단휴게소를 건설하고 임대료를 얼마 내고 일정 기간 운영 후, 기부채납하는 제안을 받아 (BOT 방식) 선정하는 방식이다.

보통 투자비가 많이 들고 차별적인 첨단시설 도입이 요구되는 휴게소는 민간 투자 방식을 택한다. 민간 투자는 다양한 시설을 많이 도입하여 백화점 형태의 휴게소가 되므로 복합휴게소라는 명칭을 사용한다.

키오스크 옆 화면에 사골을 끓이는 장면을 보여주는 '평택나루사골우거지국밥' 9,000원이 대표 메뉴다. 밥과 국, 김과 3찬을 제공하

'대한민국 국토대전' 공공디자인 부문에서 '국토부장관상'을 수상한 평택복합휴게소의 야외 휴게 공간

는데 다양한 재료가 들어가고 국물도 진하면서 깔끔하다. 요즈음 같이 날씨가 추울 때는 뜨끈한 '평택나루사골우거지국밥'을 추천하고 싶다. 다음은 동태탕, 제육볶음 정식 등을 판매하는 '집에서 먹는밥' 코너가 있다.

이곳은 고속도로에서 많이 운전하는 화물차 기사들의 이용이 많은 식당으로 집에서 먹는 밥처럼 식단을 구성하여 판매하므로 수요가 많다. 도공에서 권장하는 '1 휴게소 1 맛집 유치사업'으로 추진한 후레쉬빌 '깡나미 식당'에는 '회오리오므라이스' 11,900원, '돈가스 정식' 12,000원, '매콤꾸미덮밥' 12,900원 등 다양한 메뉴가 준비되어 있다.

휴게소 근처 관광명소는 평택 8경의 하나인 '평택호'를 소개한다. 이 호수는 저수량 1억 2천300만 톤으로 충남 아산시 공세리, 경기 평택시 현덕면 권관리 사이에 아산만방조제가 건설되면서 생겨난 인공 호수다.

평택지구 용수원을 조성하고 역류하는 서해 조수의 염해(鹽害)와 연안 침식을 방지하기 위해 1971년도에 건설한 방조제의 길이는 2,564m, 높이는 8.5m, 제방 위 도로의 너비는 12m이다. 1977년에 국민관광지로 지정되어 유원지로 개발되었다.

이 호수는 평택에서는 평택호, 아산에서는 아산호라고 부른다. 본래 호수는 1974년 5월 박정희 대통령이 준공을 기념하는 '아산호 기념탑'을 세우면서 아산호로 불렸다. 1990년대 한국농어촌공사에서 호수관리를 담당하면서 평택호로도 불리게 되었다.

이후 아산호와 평택호가 혼용되며 명칭에 관한 논쟁이 계속되고 있다. 명칭 논란과는 별개로 호수 주위에 산책로가 있으며 목선 모양으로 만들어진 전망대와 수상레저 시설이 있으며 호수 건너편은 아산이다.

안성(부산방향)휴게소

'안성(부산방향)휴게소'는 경부고속도로의 서울에서 부산으로 갈 때는 세 번째이지만 올라 올 때는 마지막 두 번째인 대형휴게소다. 1993년에 오픈했고, 명칭은 소재한 안성시에서 유래되었다. 서울방향과 부산방향 휴게소의 거리가 다소 떨어져 있는 편이며 두 휴게소 사이에 안성JC가 있다.

서울에서 출발하여 약 60km 지점의 이용 차량이 많은 휴게소다. 부산방향 휴게소는 이영자가 '소떡소떡'을 소개하면서 엄청나게 유명해졌다. 서울방향 휴게소에는 경기도립 공공의원이 설치되어 있다. 고속도로 휴게소 내에 지방자치단체가 병원을 설립한 최초의 사례다.

부산방향의 휴게소는 전국에서 한 방향으로 3위권 이내에 속하고 서울방향은 한 방향으로 5위권 이내에 드는 대형휴게소다. 보통 휴게소는 같은 위치에 있더라도 하행이 상행보다 매출이 약 20% 이상 많다. 떠날 때의 소비 수요가 돌아올 때보다 많다는 반증이다.

몇 년 전부터 이용객들의 사랑을 받은 '소떡소떡'은 소시지와 가래떡을 하나씩 번갈아 꼬치에 끼워서 기름에 튀기고 소스를 뿌려 먹는 간식이다. 관심을 받은 이유는 첫째로, 소시지라는 서양 음식과 가래떡이라는 동양 음식의 콜라보가 고객들에게 인상적이었던 것으로 분석된다. 둘째로, 오랫동안 휴게소의 간식거리가 다양화되지 못하여, 매번 호두과자나 떡볶이 등만 먹다가 새로운 것이 등장하니 고객의 반응이 좋았다. 특히, '휴게도사'로 알려진 개그우먼 이영자가 맛있게 먹는 장면이 언론에 노출되면서 경부선의 안성휴게소 소떡소떡 매출은 월 2~3억 원이었다고 한다.

소떡소떡 외에 휴게소의 대표 음식으로 '안성국밥' 9,000원과 '한우소머리국밥' 12,500원이 있다. '안성국밥'은 안성휴게소에서 27년간 판매한 메뉴로 고기와 얼큰한 국물이 어우러져 칼칼하고 맛이 깊다. '한우소머리국밥'은 안성(부산방향)휴게소의 신관 건물에서 판매하는 메뉴다. 소머리 고기가 많이 들어가고 부수 반찬은 3찬이며 고추절임, 김치, 깍두기, 소스 등이 제공된다. 고기가 담백하고 국물이 진하며 시중 유명 소머리 국밥집과 비교해도 손색이 없을 정도로 맛있고 가성비가 높다.

주변 관광지는 안성 8경 중 하나인 '미리내 성지'를 소개한다. 천주교 수원교구에서 관리하는 성지로 경기도 안성시 양성면에 있으

유기(놋그릇)으로 유명한 안성의 지역명을 사용하는 안성휴게소. 개그맨 이영자의 소떡소떡으로 유명해졌다.

며 조선의 천주교 박해 시기에 천주교도들이 모여 살던 곳이다. 박해를 피해 모여든 천주교도들은 옹기 등을 만들어 팔아서 생계를 이었고 옹기장수로 위장하여 교우들의 상태를 살피고 선교 활동을 했다고 한다. 특히 순교한 성 김대건 안드레아 신부의 시신을 비밀리에 묻어놓은 성지로 유명하다. 김대건 신부 묘소 바로 앞에 경당이 있고 곁에는 2017년에 세워진 '순교자의 모후상'이 있다. '한복을 입은 피에타 상'으로 2023년 1월에 국가등록문화로 지정되었다.

다음은 '남사당진수관'이다. 경기도 안성시 보개면 복평리의 남사당 풍물놀이 교육관으로 뛰어난 재기를 지녔던 남사당 '바우덕이'를 기리고 안성의 전통 놀이 '남사당 풍물놀이'를 계승하여 후학 양성을 위해 설립했다. 800여 평의 부지에 170여 평으로 조성된 전수관 앞

마당에는 황토를 다져 만든 야외무대가 있다. 4월부터 10월까지 토요일 오후에 안성시에서 설립한 '남사당 바우덕이 풍물단' 야외 공연과 전통 놀이 체험이 펼쳐진다. 조선시대 최고의 예술가이자 최초의 연예인으로 평가되는 '바우덕이'는 15세의 어린 여자로 꼭두쇠에 올랐으며 종삼품의 벼슬자리에까지 올랐으니 그의 재주와 노력이 대단하다. 조선시대 꼭두쇠는 남자만 할 수 있었다.

경부고속도로에는 '안성휴게소'가, 평택-제천고속도로에는 '안성맞춤휴게소'가 있다. 또 지금 건설 중인 포천-세종고속도로의 '안성바우덕이휴게소'도 있다. 세 곳의 휴게소 모두 안성시 담당 지역에 있어서 안성이라는 지명에 다른 특징을 붙여 휴게소 명을 사용 중이다. 휴게소를 이용하면서 혹시 어디서 만나자는 약속할 때는 정확하게 명칭을 전달해야 혼동이 없다.

휴게소

동해휴게소, 옥계휴게소

　동해고속도로 삼척방향의 휴게소는 '동해휴게소', 속초방향에 있는 휴게소는 '옥계휴게소'다. 바다 경치가 좋은 동해휴게소나 옥계휴게소는 모두 좋은 해돋이 명소로 매년 새해가 되면 동해휴게소는 6백여 명, 옥계휴게소는 1,000여 명이 일출을 맞이한다.

　두 휴게소 입구에서 행정구역이 강릉시와 동해시로 나누어지기 때문에 '동해휴게소'와 '옥계휴게소'로 명명하게 되었다. 두 휴게소 모두 바다 방향으로 내려다보는 전망이 좋아 두 곳 모두 도로공사에서 선정하는 '고속도로 휴게소 10대 사진 명소'에 선정되었다.
　'동해휴게소'는 1975년도에 오픈한 휴게소로 강릉에서 삼척으로 가는 해안가를 따라서 이어지는 고속도로에서 살짝 벗어난 언덕 위의 휴게소다. 동해휴게소에는 '소망우체통'이라는 대형 우체통이 있

동해를 마주하고 있는 일출 명소 '옥계휴게소' 전경. 이곳은 휴게소 10대 사진 명소 중 하나다.

다. 휴게소에서 무료로 엽서를 주고, 우편요금도 휴게소에서 부담하니 해돋이 여행에서 소원을 적거나 지인들에게 손 편지로 엽서 한 장 보내는 것도 좋을 듯하다. 동해를 배경으로 포토존이 있어 추억에 남을 사진을 찍을 수 있다. 또 바다 전망을 볼 수 있는 망원경과 매일 해 뜨는 시간을 알려주는 시계도 있다. 여기저기 솟대를 설치해 두었는데, 푸른 하늘과 어우러진 경치가 뛰어나다.

'옥계휴게소'는 2004년 11월에 오픈한 휴게소로, 건물 외부에 수변공원과 바다 전망대가 잘 꾸며져 있다. 화장실 안에 있는 등대 모형이 멋지고 이색적이어서 여기가 화장실이 맞나 할 정도로 깨끗하고 바다 뷰가 멋지다.

동해·옥계휴게소의 맛있는 먹거리로 '초당순두부' 8,000원이 있

바다를 조망하는 풍경이 멋진 동해휴게소에서 본 노을진 바다풍경. 무료로 운영하는 소망우체통이 특별하다.

다. '초당'은 강릉의 마을 이름이며, 초당 순두부는 무기질이 많은 깨끗한 바닷물을 간수로 사용하기 때문에 두부가 부드럽고 고소하다고 한다. 간식으로 '커피콩빵' 3,500원이 있다. 강릉지역 '안목항 커피거리'에서 만들어져 확산한 제품으로 커피콩빵 안에는 에스프레소 커피잼과 팥앙금이 혼합된 소가 들어있다. 커피 향과 함께 맛도 좋다. 진한 커피 맛과 함께 달콤하고 촉촉한 팥앙금의 맛이 인상적이다.

주변의 해돋이 명소는 첫째는 '속초 영금정'이다. 동명항 입구 바위 위에 있는 정자로, 바다 위에 있는 '해돋이정자'와 언덕 위의 '전망대'에서 멋진 일출을 볼 수 있다. '해돋이정자'는 동명해교와 연결되어 있고 '진망대'는 영금정 입구에 있다. 두 곳 모두 위치와 각도가 일출을 보기에 좋고 주차장이 넓고 접근이 편리하다. 두 번째 '양양 하조대'는 양양 8경 중 제5경으로 바다 위의 '육각정'과 언덕 위의 '전망대'에서 멋진 일출을 볼 수 있다. 육각정은 소나무와 기암괴석이 어우러진 곳에 있고, 전망대는 하조대 등대와 함께 푸른 바다를 한눈에 볼 수 있는 곳에 있다. 소나무가 있는 기암은 애국가 동영상에 나오는 곳으로 바다 위로 떠오르는 일출이 너무 멋지다. 작은 흠은 주차장이 협소하다.

세 번째 '양양 휴휴암'은 쉬고 또 쉰다는 뜻을 가진 바다 위 암석에 세워진 사찰이다. 1999년 바닷가에 누운 부처님 형상의 바위가 발견되며 불자들 사이에서 명소로 부상했다. 비룡 관음전 아래로 모래 해변과 바다가 이어지는 이곳에서 맞는 일출도 멋지다.

네 번째로 '강릉 정동진' 해변이다. 세계에서 바닷가와 가장 가까운 역인 정동진역과 함께 일출의 명소로 유명하다. 정동진역은 기네스북에 등재된 역이고, 역사 안에는 '모래시계공원'이 있다. 정동진역과 모래시계 공원은 일출과 함께 멋진 사진을 찍을 수 있는 포토존이 있다.

다섯 번째 동해시 '추암촛대바위'는 바위 사이로 빛나는 일출이 절경이며 동해안에서 가장 먼저 해가 뜨는 곳이다. 동해의 매력을 한껏 느낄 수 있고 바로 옆 추암 해수욕장과 출렁다리, 묵호항, 망상해수욕장 등 다른 동해 여행코스로 이동할 수도 있지만 주차장과 입구가 멀리 떨어져 있다.

천안삼거리휴게소

고속도로 휴게소의 주요 간식인 호두과자의 원조휴게소로 유명한 '천안삼거리휴게소'는 경부고속도로가 개통하던 1973년에 오픈했다. 고속도로의 역사와 함께 50여 년이나 운영된 휴게소로 인근에 독립기념관이 있어, '독립미술관'을 설치하고 우리나라의 독립과 관련된 작품을 전시하고 있다.

천안시 동남구에 있으며 전국 휴게소 중 유일하게 삼거리라는 명칭을 사용하는 천안삼거리휴게소는 근래에 천안-아산고속도로가 개통하며 차량 흐름을 개선하기 위해 휴게소 입구를 1.8km 전방 천안분기점 근처로 이전했다. 자원봉사 실적 우수고객이나 헌혈증 기부 고객에게는 무료 식사권을 주는 이벤트를 시행하고 있다. 또 '천안삼거리 주유소'는 '방향주유소'와 더불어 경부고속도로 타 주유소에서 판매하지 않는 고급휘발유를 판매하는 것이 특징이다.

　휴게소의 주요 간식 메뉴인 호두과자는 밀가루와 달걀, 마가린, 설탕 등을 원료로 만든 반죽에 팥(앙금)과 호두를 넣은 천안 지역 특산품이다. 천안에서 처음 만들어 판매한 호두과자는 고속도로 휴게소 초기에는 완제품 형태로 납품되다가 판매량이 늘어남에 따라 기계를 도입하여 직접 구운 것을 판매하면서 꾸준히 사랑받고 있다.
　국내산 호두를 사용하는 천안삼거리 호두과자와 함께 천안삼거리 휴게소의 대표메뉴는 '해주비빔밥' 11,000원이다. 비빔 간장과 지단, 각종 나물이 많이 들어가 고소하다. 재료는 비슷하나 호두가 많이 들어가서 영양식으로 평가되는 '호두비빔밥' 9,500원도 있다.

천안삼거리휴게소의 시그니처 간식 메뉴 호두과자 매장과 스낵 코너

또한 고객들의 이용이 많은 메뉴로 '돼지김치찌개' 10,000원이 있다. 돼지고기가 많이 들어가고, 묵은지 김치를 사용하고, 부수 반찬은 김, 호두 절임, 나물, 김치 등이다. 지역 유명 맛집 유치사업으로 유명한 '공화춘'이 별도의 공간에 입점하여 세련된 인테리어로 운영 중이다.

'천안삼거리'는 고속도로가 개통되기 전에는 영남지방으로 가거나 호남지방으로 갈 때 꼭 이곳을 거쳐서 가기 때문에 교통의 요지였다. 북으로는 평택과 수원을 거쳐 한양에 이르고 위로는 청주를 거쳐 문경새재를 넘으면 안동과 영주로 연결된다. 동으로는 상주시, 김천시, 대구광역시, 경주시로 이어지고 남으로는 논산시를 거쳐 전라도 전주시, 광주광역시, 목포시 방향으로 가는 길이 나뉘는 삼남대로의 분기점이다.

현재 천안삼거리에는 작은 기념석이 세워져 예전의 삼거리를 표시하고 있다. 이곳은 한국전쟁 당시 치열한 교전이 벌어진 곳으로 천안시는 당시 북한군과 미군의 전투를 기념하기 위해 이곳을 공원으로 지정했다. 1950년 7월 8일 이곳에서 전사한 미군 대령의 이름을 따 '마틴공원'으로도 불린다.

장흥정남진휴게소

　제주도가 우리나라에서 가장 따뜻한 곳이지만 아쉽게도 제주도는 고속도로가 없는 관계로 가장 따뜻한 휴게소는 전남 '장흥정남진휴게소'다. 2020년 11월에 오픈한 양방향의 통합형 휴게소로 건물이 쾌적하고 여유롭게 이용할 수 있다.

　우리나라에는 정동진, 정서진, 정남진, 정북진이 있다. 정동진은 강릉, 정서진은 인천서구 오류동, 정남진은 장흥, 정북진은 북한 자강도 중강진이다. 남해고속도로 영암-순천 간에 있는 장흥정남진휴게소 명칭은 소재한 장흥군과 정남진을 병합했다. 순천방향 다음 휴게소인 '섬진강휴게소' 거리가 74km, 목포방향은 서해안고속도로 첫 번째 휴게소인 '함평천지휴게소'까지 거리가 99km여서 중간지점에 휴게소를 설치했다.

장흥정남진휴게소에는 드라이브 스루 매장이 있고, 화물차 운전자를 위한 '화물차 라운지'가 잘 만들어져 있다. 세탁실, 샤워실, 탈의실, 수면실 등 장거리 운전자를 위한 휴식 공간이 있다. 휴게소 곳곳에는 식물을 이용한 그린인테리어를 적용하고 냉·난방시스템과 에너지절약형 조명으로 유명하다.

장흥은 표고버섯 특산지다. 전국 생산량의 12% 정도이며 대표메뉴는 '장흥표고버섯뚝배기불고기'가 10,000원이다. 2022년에 도로공사의 ex-food에 선정된 음식으로 조리 방법은 양념 육수에 대파, 양파와 핏물을 제거한 소고기를 넣고 끓이다가 뚝배기에 표고버섯, 우전각(소고기의 다른 뜻), 당면, 당근을 넣어서 푹 끓여 제공한다. 부수 반찬으로 조미김과 정갈한 3찬을 제공하는데 장흥지역의 대표 특산물인 표고버섯을 지역에서 유명한 소고기를 함께 끓이므로 맛과 향이 좋고 가성비가 좋다.

'차돌된장찌개' 9,500원은 양념 육수에 된장, 차돌박이를 넣고 끓이다가 중간에 호박, 고추, 두부, 양파, 표고를 넣고 다시 끓여서 적당히 채소가 익으면 마지막에 느끼한 맛을 잡아주는 청양고추와 대파를 올려 낸다. 차돌의 고소한 풍미와 뒷맛이 깔끔한 된장, 표고버섯의 건강한 조화로 많은 이용객이 즐겨 찾는다. 또한 실속 상품으로 6,500원의 '콩나물해장국'도 있어 선택의 폭이 다양하다.

장흥정남진휴게소 근처 정남진은 떠오르는 해돋이 명소다. 섬 사이로 떠오르는 태양은 바다에서 떠오르는 태양과 느낌이 다르다. '정남진전망대'는 밤이면 색색으로 변하는 불빛과 어둠에 잠긴 앞바다를 내려다보는 황홀한 빛의 마술이 운치가 있다. 전망대 계단을 오르면 '통일광장'의 한반도 모양 바닥분수가 시원한 물줄기로 맞이하고 통일광장 분수를 지나면 안중근 열사 동상이 바다를 향해 있다.

전망대 앞에는 귀여운 12간지 조형물이 방문객을 반기는데, 전망대 탑의 높이는 45.9m로 상층은 떠오르는 태양을, 중층은 황포돛대를, 하층은 파도를 형상화했다. 정남향이라는 방향 축을 상징적으로 나타내는 '율려'라는 둥근 조형물은 둥근 분지처럼 생긴 땅에 바닷물이 찼다는 의미를 담아서 정남진의 둥근 바다를 표현했다. 10층에는 전망대와 카페가 있고 각층별로 북카페, 문학영화관, 추억여행관, 축제관, 이야기관, 푸드홍보관, 트릭아트 포토존, 여행 정보센터에서 다양한 체험과 휴식을 할 수 있다.

다음은 '해남땅끝마을'이다. 해남 갈두산은 한반도 육지의 가장 끝이어서 땅끝이라고 부르고 갈두산 사자봉 정상에 '땅끝전망대'가 있다. 전망대에 오르면 진도에서 완도까지 서남해의 풍경이 파노라마로 펼쳐지는데 맑은 날에는 제주도의 한라산까지 보인다. 전망대는 걸어서 올라가거나 땅끝마을 풍경을 여유롭게 감상하기 좋은 모노레일을 타고 갈 수 있다.

사자봉 정상에 건립된 전망대에 올라서면 흑일도, 백일도, 노화도 등 수려한 다도해가 한눈에 보이고 남해를 향한 벼랑에는 "맨 위가 백두산이며, 맨 아래가 이 사자봉"이라고 새긴 '토말비'가 있다. 역사적으로는 725년(성덕왕 24) 인도에서 돌배[石船]가 불상과 경전을 싣고 와 미황사를 지었다는 기록을 새긴 사적비가 있고, 갈두마을에서 흑일도와 백일도를 오가는 여객선을 운항하고 있다.

보성녹차휴게소

보성녹차휴게소는 전라남도 보성군 미력면과 겸백면에 걸쳐 있는 남해고속도로의 휴게소로 화장실을 보성군의 특산물인 녹차를 활용한 테마로 꾸몄다. 남해고속도로 영암 기점 68km 지점에 있으며 2012년 4월에 양방향에 휴게소를 설치했다. 도로공사의 휴게소 '국민평가'에서 '최우수 등급'을 받았던 곳이다.

녹차가 유명한 보성 지역의 특색을 잘 살려 녹차밭을 연상시키는 귀여운 간판 입구에는 '녹차 수도 보성'이라는 문구가 보인다. 녹차밭 풍경을 담은 사진과 이를 배경으로 촬영할 수 있는 포토존이 마련되어 있다. 영암(목포)방향에는 남해고속도로 영암-순천 간 개통기념 조형물이 세워져 있고, 순천방향에는 보성군의 대표 특산물인 녹차 조형물이 세워져 있다.

보성녹차휴게소에서 판매하는 '꼬막비빔밥' 10,000원이 별미다. '휴게도사 이영자'는 꼬막비빔밥의 맛을 설명하며 "꼬막 살이 쫘악 올랐을 때 채소 넣고 뜨거운 밥을 넣어, 밥을 많이 넣으면 꼬막의 맛을 못 느껴, 꼬막 반 밥 반해서 양념장 좌악 쓰윽 비벼서, 입에 좌악 한 입 넣으면 나 잘 살았다. 오늘 떠나도 여한이 없다."라고 극찬했다. '연돈볼카츠' 3,500원은 원래 제주도의 음식이다. 돼지고기를 채소와 함께 기름에 튀긴, 육즙이 맛있는 인기 간식이다. 녹차 관련한 제품으로 녹차 먹인 한돈으로 만든 돈가스와 녹차 양갱, 유기 발효 녹차, 녹찻잎을 발효시켜 만든 황차, 보성 말차, 작두콩차 등 다양한 녹차 관련 제품이 있다. 보성녹차휴게소 식당에서는 항시 녹차를 무료로 제공하고, 여름철에는 누구나 무료로 이용할 수 있는 녹차 족욕장을 운영하고 있다.

휴게소 주변 관광지는 단연 '보성다원'이다. 보성군은 한국에서 가장 많은 차(茶) 재배 지역으로 『동국여지승람』『세종실록지리지』 등 여러 문헌에 차의 자생지로 기록된 한국 차의 본산이다. 이곳에 인공 차밭이 들어서기 시작한 것은 1939년이며 '보성다원'은 대량으로 생산되는 보성군의 대규모 차 생산단지와 차나무 재배단지를 통틀어 일컫는다.

보성읍에서 율포해수욕장으로 가는 18번 국도를 따라 8km쯤 가면 봇재가 나오고 아래로 굽이굽이 짙은 녹색의 차밭이 끝없이 펼쳐진다. 정원수처럼 잘 다듬어진 차나무들이 산비탈의 구부러진 골짜기를 따라 늘어서 있고 바람이 일면 마치 푸른 바닷물이 잔잔한 파도를 일으키듯 물결친다. 주변 경관 역시 빼어나 사시사철 많은 사람이 찾는 보성군의 명소다. 차를 널리 알리기 위해 보성군에서는 1985년부터 해마다 5월 10일에 차 문화 행사인 다향제(茶鄕祭)를 열어 다신제, 찻잎 따기, 차 만들기, 차 아가씨 선발대회 행사를 개최한다.

'한국 차 박물관'은 차에 대한 풍부한 콘텐츠를 담은 전문 박물관으로 차 문화의 올바른 정립, 연구와 보급에 구심점 역할을 하고자 2010년 9월에 건립되었다. 총 3층이며 1층에 있는 '차 문화실'은 그래픽패널과 영상 디오라마를 통해 차의 재배에서부터 생산까지의 과정을 알기 쉽게 보여준다. 2층 '차 역사실'은 차의 발자취를 한눈에 볼 수 있는 시대별 차 도구 전시실, 3층 '차 생활실'은 교육과 체험 공간으로 한국, 중국, 일본, 유럽의 차 문화를 체험해 볼 수 있다. 이 외에도 차 제조 공방에서는 찻잎을 덖어 차를 만들어 볼 수 있는 체험 시설이 완비되어 매년 5~8월 사이 박물관을 방문하면 차를 직접 만드는 체험이 가능하다.

수동휴게소

경기도 남양주시 '제2수도권고속도로'의 포천-양평 구간 양방향에 모두 설치된 '수동휴게소'는 2024년 2월 2일 오픈한 신설 휴게소다. 타 휴게소와 다른 특이점은 식당과 우동, 라면, 커피코너에서 로봇이 음식을 만드는 첨단 방식의 휴게소다.

포천에서 세종까지 설치되는 고속도로의 포천 화도 구간은 민자고속도로이고, 화도 양평 구간은 재정고속도로 구간이다. 수동휴게소는 도로공사에서 관리하는 재정휴게소다. 현장 조리 인력 확보에 어려움이 있어 선택한 로봇을 이용한 식당 운영은 휴게소 시장의 많은 관심과 이용객의 주목을 받고 있다. 휴게소는 휴일 근무와 출퇴근 교통편의 어려움 등으로 인력 채용에 현실적 제약이 큰 곳이다. 해서 로봇이 조리한 국밥, 로봇이 조리한 우동과 라면, 로봇이 조리한 커피에 대한 맛과 가격, 투자비, 그리고 이용객의 반응 등 장점을 확인하면 다른 휴게소로 확산될 것으로 기대된다.

먹거리는 로봇이 만드는 분식류와 함께 '갈비탕' '한우족발' 11,000원, '소고기국밥' '부대찌개' '차돌된장찌개' '김치찌개' 등을 9,000원에 판매 중이다. 개장 초기라서 대표 먹거리로 내세울 인기 메뉴는 아직 뚜렷하지 않으나 로봇이 조리하는 다양한 라면류는 '육개장떡라면' '해물맛라면' 5,500원, '해물맛떡라면' 6,000원이다. 화도방향 휴게소에서 판매 중인 '네모난피자'와 '하와이안피자'는 여성 고객에게 인기가 크며 다양한 피자를 6,000~7,000원에 판매 중이다.

도로공사에서 설 연휴를 맞이하여 휴게소 서비스 관리 대책을 준비 중이다. 먼저 연휴기간 고속도로 통행료가 면제되고 전국 고속도로 휴게소에서 인기 간식을 저렴한 가격으로 이용할 수 있도록 '알뜰간식' 제도를 확대 운영한다. 기존 3종으로 제공했던 알뜰간식을 호두과자류, 떡꼬치(소떡소떡)류, 핫도그류, 어묵꼬치류, 닭꼬치·강정류, 어포류, 통감자구이류, 제빵류, 옥수수류, 떡볶이류 등 10종 이상으로 확대하고 가격을 3,500원 이하로 판매한다. 휴게소 규모에 따라 품목 수를 탄력적으로 운영한다.

알뜰간식 제도 외에 내수 활성화를 위한 휴게소 프로모션을 추진한다. 첫째, 간식꾸러미를 정가 대비 33% 할인하고, 세차 요금도 30% 할인하며, 전기차 이동형 충전기를 고속도로상에 10개소 운영한다. 둘째, 시설 및 서비스 인력 확충과 여자 화장실 위주로 746칸을 더 늘려서 위생개선과 이용객의 불편 사항이 없도록 대처한다. 더불어 대형 혼잡휴게소 19개소를 선정하여 휴게소 1~2km 전방에 교통 전광 표지 시설을 설치하고 휴게소 혼잡정보를 사전에 안내하여 이용객의 분산을 유도한다.

수동휴게소 주변 관광명소는 1983년에 국민관광지로 지정된 경기도 남양주의 '수동국민관광지'가 있다. 맑은 물이 흘러 '물골안'이라는 별명이 붙었다. 서리산, 주금산, 천마산 등이 병풍처럼 둘러싸고 있으며 최상류 비금계곡, 하류의 검단리 계곡, 물골안 계곡 등이 울창한 숲과 어우러져 풍광이 수려하다. 계곡물 폭이 제법 넓고 수심이 다양해 물놀이를 즐기기에 좋고 계곡을 따라 조성된 덱은 선착순으로 이용할 수 있다. 관광지 안에서 취사할 수 있으며 돗자리, 그늘막, 텐트를 칠 수 있어 피서지로 제격이다.

다음은 포천에서 가장 북쪽에 자리 잡은 명성산 아래 아름다운 호수가 하나 있다. 이름도 예쁜 '산정호수'의 역사는 일제강점기로 거슬러 올라간다. 1925년 관개용 저수지로 농업용수를 공급하기 위해 축조했다. '산속에 있는 우물'이란 뜻의 '산정호수'라는 이름이 붙었고 산 안에 있어 '산안저수지'로 불리기도 했다. 첩첩산중에 둘러싸인 우물 같은 저수지였으니 호수와 주변 산세가 빚어내는 풍경만큼은 예나 지금이나 변함없이 아름다운 모습을 자아내고 있다. 아름다운 산정호수뿐 아니라 가을철 억새로 장관을 이루는 명성산과 망봉산, 망무봉 등 주변의 작은 산봉우리들이 호수와 어울려 절경을 이룬다. 호수를 감싸고 있는 '산정호수 둘레길'은 걷는 내내 호수가 시선에서 사라지지 않아 호수의 아름다움을 제대로 볼 수 있다.

청통휴게소, 와촌휴게소

'청통휴게소'와 '와촌휴게소'는 새만금-포항고속도로에 있다. '청통휴게소'는 새만금-포항고속도로상 대구방향 휴게소이고, 와촌휴게소는 포항방향 휴게소다. 대구-포항 구간이 개통한 2001년 개소했고 경북 영천시 청통면 팔공산국립공원 동쪽 초입에 자리하고 있다.

청통휴게소는 '애견산책로'와 고속도로 휴게소 최초로 휴게소 내에 '소방안전체험관'을 설치하여 소방 안전교육과 심폐소생술을 체험할 수 있다. 심폐소생술은 심장마비 혹은 심정지가 발생했을 때 혈액을 순환시키고 호흡을 돕는 응급치료법이다. 휴게소 이용객들은 심폐소생기와 소화기 시뮬레이터를 활용해 응급치치 방법과 화재 발생 시 초기대응 방법을 배운다. 실제로 심장마비를 목격한 사람이 골든타임을 놓치지 않고 즉시 심폐소생술을 실시하면 생명을 구할 수 있는 확률이 3배 이상 높아진다고 한다.

 '와촌휴게소'는 팔공산 갓바위의 멋진 풍경을 망원경으로 볼 수 있고, 휴게소를 찾는 고객들의 소원을 빌어주는 '소원목'이 있어 눈길을 끈다. 소원탑, 소원목, 희망교 등 곳곳에 고객들의 행운과 복을 빌어주는 시설이 찾는 사람의 마음을 편하게 해준다. 와촌휴게소의 '희망교'는 권력, 부, 기, 건강을 상징하는 의미가 있으니 재미 삼아 건너보는 것도 좋겠다.

 봄과 여름철에는 화려한 꽃들로 장식되는 '자연과 사람'이라는 예쁜 공간도 볼거리를 제공한다. 화장실도 특이하다. 사용 여부를 알려주는 램프가 달려있고 또 다른 한쪽에 특이하게 발을 씻는 공간이 과 세면대에는 물기로 인한 안전사고를 대비한 패드가 깔려있다.

 맛있는 먹거리는 먼저 와촌휴게소의 '대추고추장비빔밥' 8,500원을 소개한다. 지역 특산품인 대추를 이용해 만드는 고추장 맛이 깊다. 커다란 대접에 총 10가지의 재료가 올라가 있고 고추장과 밥은 따로 세팅되어 나온다. 콩나물, 당근, 새싹 채소, 시금치, 김가루, 도라지, 산나물 등이 간도 잘되어 있고, 대추 고추장을 넣고 비비면 밥 한 그릇을 뚝딱하게 만든다. 양도 푸짐하다.

 청통휴게소와 와촌휴게소에 모두 있는 '3대 산골 기사식당'은 도로공사의 지역 맛집 유치사업의 일환으로 추진한 곳으로 '허영만의 백반기행'과 '생방송 투데이'에서 방영된 유명 맛집이다. 대표메뉴는 '송이순부두' 15,000원과 '순두부찌개' 10,000원이다.

주변 관광지로 '은해사'가 있다. 1546년 명종 원년에 건립한 사찰로 말사 39개소, 포교당 5개소, 부속 암자 8개소를 관장하고 있는 대본사다. 1943년까지 은해사는 건물이 35동 245칸에 이르러 대사찰의 위용을 자랑했지만, 현재 은해사 본사 내에는 19개 건물만이 자리를 지키고 있다. 대웅전, 향실, 고간, 심검당, 설선당, 청풍료, 보화루, 옹호문, 안양전, 동별당, 만월당, 향적각, 공객주 등의 전각이 화려하다. 이 중에서 대웅전, 보화루, 불광의 삼대 편액은 추사체로 유명한 김정희의 글씨다. 300년 동안 이 자리를 지키고 있는 소나무 숲이 장관이며 국립공원 '팔공산'이 지척에 있다.

고속도로 휴게소 최초로 소방안전체험관을 설치한 청통휴게소. 어른과 어린이 모두 좋아하는 프로그램이다.

함평천지휴게소, 함평나비휴게소

전남 함평지역 고속도로에 있는 '함평천지휴게소'와 '함평나비휴게소'를 살펴본다. 전남 함평군에 있는 서해안고속도로의 양방향 휴게소로, 서해안고속도로 목포 기점에서 출발하면 서울방향 첫 번째 휴게소, 목포방향으로는 마지막 휴게소다.

2007년 11월에 오픈한 '함평천지휴게소' 목포방향의 경우 화장실 칸마다 비상벨이 있어 누르면 119와 바로 연결된다. '소방안전체험관'이 있고 '헬스케어존'에는 인바디 측정기, 손 마사지기, 혈압기 등 고객의 안전과 건강을 위한 시설이 있다.

휴게소 명칭은 호남의 50여 개 고을을 엮어 노래한 '호남가'의 시작 대목에 등장한 함평 천지를 차용했다. 호남가는 조선시대 문인인 이서구(李書九, 1754~1825년)가 지은 것으로 '모두가 함께 어울려서 평화롭게 살아가는 좋은 세상'이라는 뜻이다.

'함평나비휴게소'는 전남 함평군 엄다면에 있는 무안광주고속도로 상의 양방향 고속도로 휴게소다. '함평나비'라는 명칭은 함평의 나비축제를 알리고자 휴게소 명에 '나비'를 넣었다. 지역 축제 중 성공한 축제로 알려진 '함평나비축제'는 매년 5월에 열린다. 이용객들은 휴게소 명칭에 '천지'가 있고 '나비'가 있어 혼동이 오기 쉽지만 지역 특징을 홍보하는 효과가 크다.

함평천지(목포방향)휴게소의 '곰탕 고우고'는 방송 정보프로그램에 소개된 유명식당으로 대표메뉴 '곰탕고우고' 12,000원은 화학조미료 zero, 합성첨가물 zero, 방부제 zero, 농축액 zero를 자랑한다. 고기가 부드럽고 사골의 진한 맛이 일품이며 부수 반찬 3찬과 도시락 김이 따로 나온다.

도로공사의 지역 맛집 유치사업을 자주 소개하는 것은 원가율을 45% 이상 유지하도록 도로공사에서 지도하고 해당 매출 임대료의 절반(보통 10% 수준)을 도로공사에서 부담해 원재료의 품질이 높기 때문이다.

함평천지(서울방향)휴게소의 '소고기장터국밥' 8,500원은 콩나물, 멸치볶음, 김치가 부수 반찬으로 정갈하게 나오며 후식으로 요구르트를 제공하는 가성비 높은 메뉴다. 함평나비(무안방향, 광주방향)휴게소의 '나주곰탕' 10,000원도 맛집 메뉴로 추천한다.

휴게소 주변 관광지는 2008년 '나비 곤충 엑스포'를 개최했던 '함평 엑스포공원'을 소개한다. 5월에는 '나비대축제'가 열리고, 가을에는 대한민국 '국향대전'이 개최된다. 약 30만 평의 드넓은 공원에 자동차 극장, 영상관, VR 체험장, 화양 근린공원, 물놀이장, 미술관, 함평천수변공원이 조성되어 있다.

다육식물관, 자연생태관, 나비생태교육관, 나비·곤충 표본 전시관 등이 있고 여름철에는 한시적으로 물놀이장을 개장한다. 엑스포 공원에서 함평천 생태습지, 숲으로 이루어진 '화양근린공원'까지 6km의 도보 길로 연결된 '함평천지길'이 있다.

밤이 되면 공원 곳곳에 야간 조명이 색색이 켜져 낮과는 또 다른 볼거리를 제공해 야경 명소로 알려졌다. 특히 함평 엑스포 공원 인근에 있는 화양근린공원은 주변 지역에 서식하는 '황금박쥐'를 알리는 '황금박쥐상'이 있다. 30억 원을 들여 만든 황금박쥐상은 현재 금값이 올라 130억 원의 가치가 있다고 한다. '나비축제' 기간에는 '황금박쥐상'을 개방하여 누구나 관람할 수 있다.

진영휴게소, 진영복합휴게소

 봄이 시작되는 3월의 첫 주를 맞이해 남해고속도로의 일부인 마산과 부산 구간에 있는 진영휴게소와 진영복합휴게소를 소개한다. 경남 김해시 진영읍 사산리에 있는 남해고속도로 상의 양방향 휴게소이며 남해고속도로 본선을 타고 북부산 요금소로 가기 전 마지막 휴게소다.

 당초에 진영휴게소 상·하행선이 맞은편에 있었으나 부산방향이 민자 유치로 2021년 3월에 새로 건물을 신축하면서 '진영복합휴게소'가 되었다. 진영(부산방향)복합휴게소는 남부권 최초, 최대의 복합 휴게시설이다. 특히 푸드코트 전문식당가 내부에 원형으로 구성한 '힐링 가든'과 '모자이크 가든'은 고객들이 장거리 운전에 지친 심신을 달래며 식사를 즐길 수 있는 실내 공원이다.

진영(부산방향)복합휴게소에는 '힐링 가든'과 '모자이크 가든'은 휴식과 식사를 즐길 수 있는 실내 공원이 있다.

　진영(마산방향)휴게소의 먹거리로 '장군차뚝배기갈비찜' 9,500원을 소개한다. 한국도로공사의 ex-food에 선정된 식사류다. 2022년도에 도로공사의 ex-food 선발대회에서 '우수 간식'으로 선정된 '단감샐러드식빵고로케'도 있다. 지역 특산물인 단감을 넣어 만든 지역 특화 간식 메뉴로 지금까지 지역 특산물을 활용한 식사류는 많이 개발되었으나 간식류는 별로 없었는데 도공에서 ex-food 선정에 간식류도 포함했다.

　'진영복합휴게소'의 '고탑덮밥' 9,500원은 고기를 탑처럼 높게 쌓은 메뉴다. 실제로 양이 많아서 가성비가 제일 높다. 한 가지 더 소개하면 육첩반상식당의 '소금구이반상' 11,900원이다. 철판에 삼겹살 소금구이와 다양한 채소와 김치에 된장국이 나오며 시각적으로 보기에도 먹음직스럽고 맛도 있다.

   진영휴게소 인근의 벚꽃축제 '진해 군항제'는 진해만에 펼쳐지는 봄의 축제다. 진해는 조선시대부터 해군의 요충지였으며 근대에는 일본의 침략에 맞서 싸운 장소다. 역사와 문화를 벚꽃과 함께 감상할 수 있다. 진해 군항제의 명소는 '로망스다리'로 유명한 드라마 촬영지 '진해 여좌천'이다. 다리 좌우로 펼쳐진 벚꽃 풍경이 아름답고 저녁에는 알록달록한 우산과 함께 야경이 멋지다. 낭만 그 자체인 '진해 경화역'은 아름드리 벚나무에서 나풀나풀 흩날리는 새하얀 꽃비가 멋지다.

   '진해 해군기지'도 유명하다. 해군함정과 함께 벚꽃을 감상하며 해군의 역사와 문화를 체험할 수 있다. 마지막으로 '웅동 수원지'는 개화 시기가 되면 산 전체가 벚꽃으로 하얀 세상이 된다. 벚꽃이 지는 시기에는 지는 꽃잎이 눈처럼 내린다.

   '웅천도요지 전시관'도 볼만하다. 웅천도요지는 조선시대 운영되던 도자기 가마터다. 조선시대 임진왜란 당시 우리 도공이 일본에 많이 끌려갔는데 그 당시 끌려간 도공의 후손과 끌고 간 후손이 같이 방문하면서 관심이 높아졌다. 이후 전시관을 만들고 2011년 11월 23일 개관했다. 이곳에서 발굴된 도자기 유물을 전시하고 도자기를 직접 만들 수 있는 체험 공방을 운영한다.

춘향휴게소

'춘향휴게소'는 전북 남원시 수지면에 있는 순천-완주고속도로 위의 양방향 휴게소다. 소설 『춘향전』의 배경이라는 지역적 특색에 착안해 춘향전을 모티브로 설계되었다. 춘향과 몽룡의 흔적을 느낄 수 있는 내부 인테리어와 호텔식 프리미엄 메뉴까지 전통미를 살리고 현대적 감각으로 고급화한 것이 특징이다.

순천-완주고속도로가 개통되던 초기에는 통행량이 적어 '관촌휴게소'와 함께 임시 휴게소로 운영하면서 주차장, 편의점, 자판기, 화장실만 갖추고 있었다. 이후 순천-완주고속도로의 통행량이 점차 늘어나고 오수휴게소와 황전휴게소의 거리가 50km에 달하기 때문에 중간지점인 남원에 2022년 9월 15일 정규 휴게소로 개소했다.

특히 춘향(완주방향)휴게소는 '꽃을 닮은 춘향'을 주제로 붉은 색감

남원을 배경으로 한 고전소설 『춘향전』을 모티브로 한 '남원춘향휴게소' 전경. 전통미를 살리고, 현대적 감각으로 고급화한 것이 특징이다.

이 포인트인 삼베와 한국 정취를 담은 전통 패턴으로 디자인되었다. 춘향(순천방향)휴게소는 '춘향을 사랑한 몽룡'이라는 주제로 자연의 변함없는 풍광을 상징하는 푸른색을 포인트 컬러로 표현했다.

'춘향(광양방향)휴게소'는 다양한 먹거리와 편의시설을 갖춘 복합 휴게공간으로 조성되었으며, 다양한 간식을 맛볼 수 있는 '월매저잣거리' 등 여행의 묘미를 더하는 시설과 화사하고 편안한 분위기를 선사하는 수유실과 쇼핑 공간도 마련하고 있다. 휴게소 2층에는 '전망 쉼터공간'이 있고 야외에 있는 '정자'와 '춘향이 그네'는 아이들에게 인기 좋은 놀이시설이다.

춘향휴게소는 먹거리에도 스토리텔링을 입혔다. 주요 메뉴로 '춘향이순두부찌개' 8,500원, '춘향뚝배기비빔밥' 9,000원, '몽룡이정식' 15,000원 등이 있고, 조연 메뉴로는 '향단이정식' 12,000원, '월매우거지해장국' 9,500원 등이 있다. '향단이정식'은 제육도 먹고 싶고, 돈가스도 먹고 싶고, 우동도 먹고 싶을 때 주문할 수 있는 제육+돈가스+우동 혼합 메뉴다. 또한 인근 남원 지역에서 유명한 '방자네 남원추어탕' 11,000원은 지리산 청정 지역에서 자란 미꾸라지를 원재료로 한 건강식으로 이용객의 반응이 좋다. '몽룡마패어묵우동' 6,500원은 가성비 있는 식사로 귀여운 마패가 찍힌 품질 좋은 큼직한 어묵 3장이 들어있다.

남원은 대표적 명승지 '광한루'와 '이몽룡'과 '성춘향'의 고장이다. 춘향제는 춘향전(春香傳)의 주인공인 '춘향'의 정절과 사랑을 주제로 열리는 한국을 대표하는 전통문화 축제다. 행사 기간에는 춘향 묘 참배, 춘향 제향, 창극 춘향전, 전통 길놀이, 춘향이 선발대회 같은 다채로운 행사가 펼쳐진다.

'남원 춘향제' 역사는 1931년 6월 20일(음력 5월 5일, 단옷날) 남원의 지방 유지를 중심으로 남원 사람들이 뜻을 모아 광한루 동편에 춘향가를 준공하고 권번의 기생들이 사당에서 '춘향 제사'를 지내면서 시작되었고, 보통 양력 5월 5일 어린이날을 전후해서 광한루와 시내 곳곳에서 열린다.

벌곡(대전방향)휴게소

생소한 명칭의 '벌곡휴게소'는 호남고속도로 대전 가까이에 있다. 행정구역은 충남 논산시 벌곡면이다. 처음에는 소형규모의 '계룡휴게소'였으나 도로 구조상 진입이 불편하고 위험하며 건물이 오래되고 부지도 협소하여 현 위치로 이전하여 2012년에 새로 설치되었다.

건물 간판에서 '행복 가득 머물고 싶은 휴게소'라는 슬로건을 볼수 있는 벌곡휴게소에는 화물차 운전자를 위한 화물차 라운지와 아기들을 위한 수유실이 잘 마련되어 있다. 특히 야외 공원 '피크닉 파크존'이 잘 조성되어 디육식물과 공기정화식물을 다양하게 감상할 수 있다. 야생화를 파는 '햇빛촌 식물원'에서는 예쁜 화분을 살 수 있다.

휴게소에는 여러 기능이 있지만 '맛있는 휴게소'의 기능이 제일 먼저 아닐까? 벌곡휴게소 '명랑식당'은 도로공사의 지역 맛집 유치사업으로 입점한 식당이다. 메뉴의 재료비만 45% 이상 들어가기 때문에 그만큼 가성비가 좋다.

'육개장' 10,000원은 일반 프랜차이즈보다 국물이 좀 덜 자극적이다. 맛도 맵거나 얼큰하다는 느낌보다는 담백하다. 고기도 제법 들어있고 잡다한 재료들이 거의 들어가지 않고 오로지 고기와 파를 이용한 정통 육개장이다. 겉으론 안보이지만 밑에 잔뜩 깔려 눅진하게 거의 녹아든 파가 내는 맛은 중독성이 있다. 대전에서 육개장만 단일 메뉴로 하는 유명한 식당인데 김치와 깍두기는 직접 담아서 제공한다.

두 번째로는 바삭바삭하고 맛이 좋은 '브라더찹쌀꽈배기' 5,000~10,000원이다. 원래 음식은 손맛이라고 하는데, 그 의미는 그만큼 조리하는 과정에 정성이 많이 들어가야 맛이 있다는 것이다. 재료를 어떤 방식으로 공급받느냐에 따라 맛이 달라지는 꽈배기는 재료를 공장에서 생지를 만들어 냉동 공급하여 현장에서 기름에 튀겨서 주는 방식과 반죽을 받아서 현장에서 생지를 만들어 기름에 튀겨서 판매하는 방식이 있다.

현장에서 생지를 만들어 판매하는 방식이 더 맛있고, 더 바삭바삭하여 고객들의 반응이 훨씬 좋다. 일반적으로 냉동고기보다는 생고기가 더 맛있는 것과 같은 원리다.

전국적으로 딸기는 '논산' 논산 특산품 하면 '딸기'가 연상되는 논산의 대표 상품이다. '논산 딸기'는 50여 년의 재배역사와 전국 최대

야외공원과 피크닉파크, 야생화를 판매하는 여행길 쉼터 벌곡휴게소

의 단지다. 비옥한 토양과 맑은 물, 풍부한 일조 조건에서 자라 맛과 향기, 당도 등에서 우수함을 인정받고 있다. 1,200여 농가(1,028ha)에서 연간 29,000여 톤을 생산하여 연간 1,900여억 원의 판매 수익을 올리는 효자 작목이다.

'논산 딸기 축제'가 매년 봄에 '논산 시민공원'에서 개최된다. 주요 프로그램으로는 '딸기 수확 체험' '딸기 거리 퍼레이드' '딸기 디저트 카페' 헬기를 타고 아름다운 탑정 호수의 경관을 감상할 수 있는 '헬기 탑승 체험' 등이 진행된다

안성맞춤(평택방향)휴게소

　평택-제천고속도로에 있는 '안성맞춤휴게소'는 경기도 안성시 서운면 신능리에 있는 양방향 휴게소로 2008년 11월에 오픈했다. 휴게소 명칭은 소재한 안성과 방짜유기로 유명한 '안성맞춤'을 홍보하기 위해 안성맞춤휴게소라 명명되었다. 경부선에 있는 '안성휴게소'와 명칭이 비슷해 혼동하기 쉽다.

　'안성맞춤휴게소'는 전국 휴게소 중에 일반적인 명사(안성맞춤)를 휴게소 명에 붙인 유일한 휴게소다. 건물 입구에 고객의 안전을 고려한 문구 "고속도로, 쉬고 가면 미소, 졸려 가면 밉소."를 크게 게시한 것이 인상적이다. 보통 휴게소는 주차장이 있고 건물을 일자형으로 짓다 보니 주차장 끝에서 접근하면 동선이 길다. 고객 친화성을 많이 도입한 안성맞춤(평택방향)휴게소는 타 휴게소와는 달리 이용객의 동선을 고려해 건물이 주차장 중앙에 위치하여 차를 주차한 후 모든 방향에서 휴게소 접근이 편리하다.

'안성맞춤'은 '안성'과 '맞춤'이라는 단어가 결합한 말인데, 안성은 경기도 지명인 '안성(安城)'이며, 맞춤은 '맞춘다'에서 파생된 명사다. 예전의 안성은 대구, 전주 지역과 더불어 큰 장(場)이 서던 상업의 요충지였고, 안성장에는 삼남(三南)에서 몰려드는 온갖 물산(物産)으로 서울보다 물건이 풍부하고, 질이 좋은 물건들이 많았다고 한다. 안성장에서 팔리는 질이 좋은 물건 중에 안성에서 직접 제작한 '유기(놋그릇)'가 유명했다. 안성의 유기는 장에다 내다 팔기 위해 대량으로 만든 '장내기 유기'와 주문에 따라 만든 '맞춤 유기'가 있었다. '안성맞춤'은 '맞춤 유기'에서 '유기'가 생략된 표현이다.

시간이 지나면서 '고품질의 물건'이라는 구체적 의미에서 '물건이 좋아 마음에 딱 들어맞음' 또는 '경우나 계제에 잘 어울림'이라는 추상적 의미로까지 발전하였다. "그 옷은 나에게 안성맞춤이다." "계룡산은 은신처로 안성맞춤이다."라는 표현 속의 '안성맞춤'이 바로 추상적 의미로 쓰인 예다.

먹거리는 안성맞춤의 품질 좋은 의미를 담은 '그때 그집'의 '안성맞춤한우국밥' 9,500원이 있다. 이 지역에서 생산한 한우와 안성 쌀로 만든 휴게소의 대표적 먹거리다. 한우가 푸짐하게 들어가고 시원한 맛을 내주는 콩나물과 배추, 고사리도 들어간다. 예능프로그램에서 '휴게도사 이영자'가 극찬한 메뉴다. 한 가지 더 소개하면 '한우불고기비빔밥' 11,000원이 있다. 도로공사의 ex-food에 선정되었으며

안성맞춤(평택방향)휴게소는 주차 후 어느 방향에서도 휴게소를 편리하게 이용할 수 있다.

고기의 육질이 좋고 가성비가 좋아서 많이 판매되는 메뉴다. 특히 각종 꼬치나, 핫바, 소떡소떡 등의 간식매장을 '스넥 엔조 잇(snack enjo eat)'이라는 브랜드로 모아서 타 휴게소와 차별화한 것이 특징이다.

  오늘은 '안성맞춤'으로 시작하여 안성맞춤으로 끝나는 것 같다. '안성맞춤랜드'는 2012년에 개장한 대규모 부지에 준공된 시민 공원이다. '세계 민속축전'이 개최된 곳으로 남사당공연장, 천문과학관, 공예문화센터, 캠프장, 사계절 썰매장, 잔디광장, 야생화단지, 수변공원, 분수광장 등 다양한 시설을 편리하게 이용할 수 있다.
  주요 시설은 첫째로 '남사당 공연장'으로, 조선시대 남사당패의 풍물놀이가 매주 펼쳐진다. 최초의 여성 꼭두쇠였던 바우덕이의 전설과 함께 우리 가락에 흠뻑 빠지게 된다.

'안성맞춤천문과학관'은 낮에는 이글이글 불타는 태양을, 밤에는 반짝반짝 빛나는 별자리와 달, 행성을 관측할 수 있는 신비로운 밤하늘 체험장이다. 셋째로 '박두진문학관'은 안성 출신 박두진 시인의 생생한 숨결을 느낄 수 있는 전시실과 2천 여권의 책을 읽으며 문학적 지성을 쌓을 수 있는 '북카페', 안성의 아름다운 자연을 조망할 수 있는 '전망대'가 있는 문화공간이다.

그 외에도 사계절 썰매장, 안성맞춤공예문화센터, 안성맞춤캠프장, 잔디광장, 70m의 소원대박터널, 야생화단지, 피톤치드가 많이 나오는 편백 나무숲 등이 봄나들이 삼아 방문하기 좋다.

안성맞춤휴게소를 비롯한 충북지역 휴게소 이용객에게 충북 관광명소의 할인 혜택을 주는 '할인 패스' 규모가 커졌다. 한국도로공사 충북본부는 충주시, 증평군 등 4개 기관과 협약해 할인 대상 관광명소를 기존 13곳에서 17곳으로 늘렸다.. 추가된 혜택은 충주 중앙탑 자전거, 의상실 대여, 증평 좌구산천문대 입장료 등으로 고속도로 휴게소 이용객에게 최대 50%의 할인 쿠폰이 제공된다. 휴게소를 이용하고 인근 관광지 할인 혜택도 받아보자.

2부

휴게소와 나

제1장

평범한 산골 소년

휴게소

형

형과 나는 닭장을 어설프게 손보고 있었다. 사랑채 고방 옆에 붙어 겨우 족제비나 삵이 침입하지 못하게 얽어 놓은 닭집이다. 그때 형은 중학교 2학년, 나는 초등학교 6학년 때다. 나와 형은 2년 터울로 친구 같은 형제다.

그날은 따스한 봄바람이 황량한 농촌의 빈 곳간에도 불고 있었다. 파란 보리 잎은 햇살을 한 아름 안고서 살랑거렸다. 슬픈 어머님의 보릿고개도 그 속에 묻혀 있었다. 모두가 어렵던 60년대 초 소득 80불 시대 때의 일이다. 방안에서 어머님의 한을 더 긁어내는 소리가 창호지를 찢고 나왔다.

"우짜겠노, 조카야."

"우리 양반이 촌에서 농사나 짓지, 무슨 사업 한다고 타지까지 가서 사기를 당했으니, 그 돈 1년 뒤에도 못 갚으면 우리 논 다섯 마지기 넘겨 주꾸마."

다섯 마지기는 우리 집 토지의 삼 할이나 되는 큰 재산이었다. 아버님은 농사로는 도저히 8남매나 되는 자식들을 건사할 수 없다고 생각했던 모양이다. 그때만 해도 산에 소나무를 간벌해 땔감으로 사용하던 시절이었다.

군(郡)에서 벌목 허가를 받아 나무가 많은 경북 대구 군위군 소보면에 투자했다. 그렇지만 동업자에게 당해 그 사업은 오늘 아버님의 낭패로 전락하고 말았다.

먼 친척 질녀인 채권자는 그날 낯설고 건장한 남자 두 명과 같이 들이닥쳤다. 집안은 숫제 사자의 으르릉거리는 위압과 공포로 휩싸인 분위기였다. 그런 방안의 사정은 한참이나 비켜선 닭장에서도 알 수 있었다.

어머님의 고통과 아버님의 굴욕이 문틈으로 새어 나왔다. 몸은 아직 어리지만, 가슴의 분노는 어른이었는지, 형은 "은아, 너 이 몽둥이 들고 방문 앞에 서 있다, 저 사람들 튀어나오면 마구 패버려라." 하고는 문틀 한 짝보다 더 큰 몽둥이를 들고 방으로 뛰어들었다.

그것은 법이나 상식은 물론 전후 사정을 따질 필요가 없는 행동이었다. 오직 궁지에 몰린 가족의 안위를 우리가 목숨을 걸어서라도 지켜야 할 눈앞의 책무였을 뿐이다. 느닷없는 침입에 당황한 그 사람들보다 먼저 반응한 쪽은 아버님이었다.

"야 이놈의 자식들."

그 순간 아버님의 표정은 어린 자식에게 보인 자존심과 그 낭패로 인한 자괴감이 얽혀 있었다. 노하였으되 공허한 분노의 회초리로 우리의 등을 세차게 떼밀었다. 자신의 등에 스스로 매질을 했다.

형만 한 아우 없다는 말을 살아가면서 더 실감하게 된다. 아무리 생각해도 그 말이 지당한 경구로 다가온다. 사소한 꾸중 거리도 마다하지 않고 도맡아 바람막이가 되어 주었던 형이다. 그때 형의 행동은 맏이로서 가족을 지켜야 한다는 책임감의 발로였음은 불문가지다. 집안일에 대해선 언제나 삶의 최우선에 뒀으니까.

농한기가 되면 동네 형들은 놀이 삼아 우리 형제끼리 씨름을 붙이곤 했다. 그런데 왠지 모르게 동생인 내가 자꾸 이기는 것이었다. 이겨 보아야 상대는 동생이고, 이기면 또 시킬 것을 뻔히 알았기 때문에 그냥 져 준 것이란 사실을 알게 된 건 한 참 뒤였다. 으레 형제는 양보 없이 다투고 부대끼는 그 틈에서 정도 우애도 다져지는 법인 것이다. 그런데도 형은 결코 내겐 이기려 하지 않았다.

대처에 나가 고등학교에 다닐 때 일이다. 나는 한 달에 한 번꼴로 집에 양식거리와 학비를 가지러 갔다. 8남매가 먹고 자고 학비까지 조달하려면 집안 형편은 언제나 빠듯하기만 해 밑돌 빼서 윗돌 괴는 식이었다.

그날은 정녕 필요한 돈은 없고 쌀 됫박과 간장뿐이었다. 실망한 나는 "다 필요 없다."라며 성질을 내고 그냥 나와 버렸다. 부모님의 속을 들쑤셔 놓았지만 내 알 바 아니라고만 생각했다.

다음 날이다. 누군가가 교문에서 왼쪽으로 약간 기울어진 어깨에 흰 밀가루 포대 같은 쌀말을 둘러매고 있는 모습이 눈에 들어왔다. 왼손에 전화선으로 엮은 광주리에 간장병과 빨간 고추장, 멸치 같은 반찬통이 들여있었다.

실습실에서 오전 수업하다 문득 창밖을 보고 있는데, 내 눈에 들어온 형의 모습이었다. 형은 고등학교를 졸업한 뒤 일 년이 지났어도 마땅한 옷 한 벌이 없이 남루했다. 학교 배지와 명찰만 뗀 교복 상의에다 비가 오지 않은 마른 날에 못생긴 장화를 신고 있었다. 나는 밖으로 나갔다. 그러나 퉁명스럽게 말했다.

"됐다, 놓고 가라."

속으로야 반갑기 그지없었지만 나는 그렇게 말하고 있었다. 게다가 다른 친구들이 보면 얼마나 창피한 일인가. 그래도 형은 억지로 객기를 부렸는지 모르지만 당당했다.

"야, 니 학교, 크고 좋네."

형은 나를 나무라지도 달래지도 않았다. 형이 매고 든 그 자루 속에 우리의 대화와 형편이 다 들어 있었다. "엄마가 피차 형편이 비슷한 고샅 대문을 몇 군데나 헛발질하고 못내 챙겨 주지 못한 것을 너도 알지 않느냐, 이 형도 그렇게 해서 졸업을 하지 않았느냐."는 등의 말을 하였지만, 나는 짐짓 관심을 두지 않은 듯 딴전만 피웠다.

이 모든 게 형의 잘못인 양 못내 미안해하는 눈치였다. 형은 겨우 차비만 가지고 하루를 밥 한 끼 못 챙겨 먹고 그렇게 집으로 되돌아갔을 것임이 분명했다.

그 시절 집안 형편으로는 제도권 대학에 가기란 언감생심이었다. 외항선을 타서 항해사만 되면 생명을 담보로 한 까닭에 웬만한 취직자리의 다섯 배나 되는 보수를 받을 수 있었다.

해양대학 실습선의 취업은 외항선 선장이 되기 위한 선택이었다. 질긴 가난의 고리를 벗어던지고 싶어 택한 일이었다. 해양대학을 나와야만 되는 항해사 자격시험을 형은 주경야독으로 3년 만에 합격했다.

오대양을 누비는 동안, 별을 보는 날에도 달을 보는 날에도 집안 생각뿐이었다고 했다. 8남매 장손의 책임감으로 그렇게 거친 파도를 헤치며 항해한 것이리라.

어쩌면 존재하는 모든 것은 항해하는지도 모른다. 인생도, 단체도, 국가도, 그 무게는 선장에게 실리는 법이다. 우리 집안의 사정도 그러했던 것 같다. 형은 독선적으로 보일 만큼 그런 역할에 낯설지 않았고 오히려 익숙했던 것 같다. 그런 형이, 내겐 언제나 기댈 언덕이며 방파제인 것이다.

배종은

이 글은 둘째 형님(배종은 '태양모사' 대표)의 신인 등단작으로 어린 시절의 상황을 잘 표현한 작품이라 저자의 동의를 얻어 게재한다.

휴게소

추억의 어린 시절

 산등성이에는 소나무에서 떨어진 땔감이 가득하고, 봄이 되면 들판에 보리와 밀이 바람에 살랑거리고, 어미 소가 송아지를 찾는 음메 소리가 울려 퍼지는 산골 마을이 내 고향이다. 하루 종일 강아지는 꼬마 아이를 졸졸 따라다니며 뛰어놀고, 수탉은 시끄럽게 꼬꼬댁거리며 암탉을 찾고, 늦은 저녁이면 동네 이웃집 굴뚝에 연기가 스멀거리던 곳.

 마을에서 멀지 않은 곳에 바다가 있어 낚시하고 조개도 채취하고 낙지를 잡으며 보낸 내 유년 시절 기억들은 어느 것을 소환해도 아름답지 않은 것이 없다. 한 시간을 걸어서 가던 초등학교, 나는 초등학생이 되어서야 신작로의 버스를 가까이서 처음 보았던 순박한 시골 촌뜨기였다.

 수업을 마치고 돌아가는 길에는 친구들과 누가 전봇대 꼭대기 전

등을 깨는지 돌 던지기 시합을 하고, 집에 돌아오면 소를 끌고 한 시간을 걸어야 하는 먼 산을 오갔다. 이 일은 나만 하는 일이 아니어서 동네 친구들 역시 마찬가지였다. 소들이 풀을 뜯어 먹는 동안 친구들과 여러 가지 놀이를 하다 해가 지고 저녁이 되면 다 같이 소를 몰고 돌아오던 추억은 내 어린 시절 행복한 기억 중 하나다.

소를 몰고 나간 어느 날 친구들과 놀이에 정신이 팔려 풀 뜯던 소들을 잃어버리고 밤늦게 암담한 마음으로 빈손으로 마을로 돌아왔던 일도 있었다. 마을 어른들과 깊은 산 너머에서 소 떼를 찾았는데 작은 송아지는 안으로 가두고 큰 소들이 빙 둘러서서 지키고 있던 모습을 잊을 수가 없다. 동물들도 어려운 시기에는 협동한다는 교훈을 알게 된 사건이었다.

여름날 저녁이 되면 모깃불 연기를 뒤로하고 평상에 누워 별이 쏟아져 내리는 별하늘을 만나고, 강아지와 토끼를 정성 다해 키우며 친구로 지내던 내 어린 시절. 키우던 송아지를 팔면 어미 소가 며칠이나 송아지를 찾아 부르짖던 소리를 들으며 눈물을 짓던 시골뜨기. 그러나 가을이면 빨갛게 익은 홍시는 얼마나 달고 맛이 있었던지. 아직도 생생한 어린 시절의 추억들은 빛바램 없이 내 기억을 채우고 있다.

중학생이 되어서는 공부를 잘하고 싶은 욕심이 있던 나는 학년 전체 10위권에는 들었으니 그리 나쁜 성적은 아니었다. 사춘기 그 시절 좋아하던 여학생이 있었으나 혼자만의 사랑으로 맘 졸이던 추억도 생각난다. 고등학교에 진 한 후 우연히 같은 버스를 타게 되었지만 끝내 하고 싶은 말 못 한 풋사랑의 기억은 언제 생각해도 웃음이 번진다.

어느 집 할 것 없이 형제가 많던 시절, 8남매 중 7번째였던 나는 형님과 누님들 틈에서 큰 개성 없이 무난하게 자랐다. 중학생이 되어 내가 공부에 욕심을 낸 것은 아버님의 영향이 컸다. 시골에서 가난하게 자란 아버님은 공부에 대한 열망이 대단했지만 끝내 배움에 대한 뜻을 펼치지 못하신 분이다.

마음속 옹이가 있던 아버님은 이루지 못한 배움의 기회를 자식들에게 주시려는 열망이 크셔서 어린 시절 내내 "동네 애들과 어울리지 말고 공부해라 공부해라." 하시며 우리에게 농사보다 더 큰 일을 하라고 기회 있을 때마다 희망과 격려를 해 주셨다.

아버님의 채근 덕분에 나는 구슬치기를 잘 못하는 아이였고, 어른이 되어서도 장기, 바둑, 당구, 축구, 고스톱 등 잡기에 능하지 못하지만 덕분에 살아온 날들이 부끄럽지 않을 수 있었음을 고백한다.

휴게소

아버지와 산판 사업장의 추억

초등학교 입학 무렵인데 아버님은 주위 인근지역에 산판 사업(산에 나무를 베어서 허가한 양만큼 나무를 판매하는 사업)허가를 얻으셔서 사업을 하셨다. 하루는 아버님을 따라 산판 사업장에 같이 갈 기회가 있었다. 집에서 한 시간 정도의 거리였는데 철없던 나는 아버님과 함께 나선 나들이가 마냥 즐거웠던 기억이 있다.

사업장(산)에 가니, 작업하는 인부 아저씨들이 반갑게 맞이해 주시며 나무를 베고 옮기는 작업을 같이 하자고 해서 신이 났던 기억이 있다. 어렸던 나는 아버님의 그 사업에 대한 자세한 내용은 모르지만 큰 기대로 시작한 아버님의 산판 사업은 생각대로 되지 않았던 것으로 기억한다. 산판 사업은 농사만으로는 8남매나 되는 아이들을 제대로 양육하기 어렵다는 판단에서 시작하셨을 것이다. 당시 우리 집은 20여 마지기 농토가 가족의 생활 터전이었다. 넉넉하지 못해도 살아가는데 큰 버팀목이 되던 농토였을 것이다.

　아버님의 산판 사업은 사기를 당하는 바람에 실패로 종결되었다. 주변 지인에게 자금을 융통해 시작한 아버님의 사업이 실패하며, 20여 마지기의 농토는 절반 정도가 사업을 정리하는 데 소용되었다. 그 사건 이후 많은 우여곡절이 있었고 어머님과 누님들의 몇 년간 고생을 통해 어느 정도 해결되었다.

　그때 겪은 어려웠던 상황과 과정은 둘째 형님이 수필로 지어 문인으로 등단하는 사례가 되었을 만큼 우리 가족들의 마음속에서 지울 수 없는 사건이다. '형'이란 이름으로 이 책에 수록된 것이 당시를 기록한 둘째 형님의 글이다.

　그 시절 둘째 누님은 집안 형편이 어려워 중학교만 졸업하고 진해 시내에서 편물점을 운영하였는데, 지금으로 치면 털실을 판매하는 가게이면서 직접 옷을 기계로 짜서 판매도 하던 곳이다. 털실로 기계 옷 만든 것을 요코(일본말)라 한다.

　누님이 내 바지를 만들어 주어 친구들에게 자랑하며 입은 기억이 있다. 그러나 그 시절은 얼마나 추웠는지, 굵은 털실로 짠 바지는 사이로 들어오는 매서운 바람을 막기에 턱없이 부족했다. 털실 바지 속에 입을 내의가 변변히 없었던 탓이다. 보온이 안 되는 털실 바지는 당연히 추울 수밖에 없었다.

　그러나 따뜻한 누님의 마음에 감사하며 덜덜 떨면서도 추운 것을 내색하지 않고 친구들에게 누님의 털실 바지가 따뜻하다고 거짓말(?)을 했던 나는 어리지만 철든 동생이었다. 후에 누님은 장소를 마산으로 이전해 둘째 형님께 편물점을 물려주었다.

휴게소

수백 마리 닭을 길렀던 양계장

　지금은 민속촌에 가야 볼 수 있는 집의 형태이지만 예전 내가 초·중학생이던 시절 시골은 모두 초가집이었다. 추수가 끝나고 초가을이 되면 집집마다 볏짚을 엮어 지붕 위에 올리는 작업을 한다. 지붕을 새로 올리는 일은 이웃들이 서로 품앗이하던 마을 전체의 행사였다.

　초가집에 가끔 불이 나기도 했다. 특히 밤중에 불이 나면, 온 동네가 조명탄을 쏜 것처럼 밝아지고 동네 주민들은 누구나 할 것 없이 집에 양동이와 바스켓 등을 들고나와 진화 작업을 했지만 거침없이 타오르는 불길은 막을 수 없는 상황이 벌어지곤 했다. 볏짚을 엮어 만든 초가집은 불에 취약할 수밖에 없었고 불이 나면 집들은 대부분 지붕이 내려앉았다.

　그래도 그때는 주민들 모두가 자기 집의 일처럼 합심해 재난을 극복하기 위해 혼연일체가 되어 힘을 합치는 정신이 있었다. 농번기에 서로 품앗이를 해주면서 공동체 의식이 자리하고 있어 서로 도우며 살았다. 그 당시는 지금처럼 농기계가 있었던 것이 아니라 서로 돕고 의지할 수 있어야만 농경 생활이 가능하던 시절이었다.

'농번기에는 부엌에 있는 부지깽이도 움직인다'라는 말이 있다. 모든 일은 인력으로 해야 하던 시절이니 그런 말이 나왔을 것이다. 지금은 거의 다 기계를 활용해 농사를 짓지만 그때는 모판을 만들고 모(작은 벼)를 뽑아서 작은 뭉치로 만들어 모를 심는 모든 일을 인력으로 하니 농번기에는 아무리 일손이 많아도 모자라는 형편이었다.

그렇다고 힘든 만큼 수익이 많이 나는 것도 아니었다. 모를 뽑거나 모를 심는 일을 하면 왜 그리 허리가 아팠는지. 일을 하며 투덜대면 어머님께서는 일의 고비를 넘겨야 한다며 독려하시곤 했다. 어떤 일이든 일의 고비가 있고 그 고비를 넘겨야 한다는 것은 만고불변의 진리인 것 같다.

어린 시절 어머님은 닭을 키워 달걀을 팔아 시골 살림을 꾸려 가셨다. 고향 집은 본채가 있고, 근처에 헛간이라고 해 거름을 쌓아두던 부속건물이 있었다. 예전에는 다른 이웃이 거주했던 건물이었다. 어머님은 살림에 보태려는 마음으로 그곳에서 닭을 300마리나 길렀다. 지금 식으로 표현하면 양계장이라고 할 수 있는 건물이었다.

농사에 양계까지 지금 생각하면 부모님의 그 고생에 마음이 아리다. 형과 나는 자전거로 30분 거리인 면 소재지로 닭 사료를 사러 가곤 했다. 자금 사정이 여의찮아 제때 사료를 못 줄 때도 가끔 있었다. 모이를 먹지 못하는 닭들을 보면, 눈빛이 원망하는 것 같아 눈시울을

붉히기도 했다. 모이도 못 주면서 달걀을 가지러 닭집에 들어가면 장닭이 덤벼들어 도망 나오곤 했다.

보통 달걀이 모이면 어머님은 부산에 가서 달걀을 팔고, 자갈치시장에 가서 생선 부산물을 얻어 양동이에 이고 와 닭들을 먹였다. 먹을 것이 생긴 닭들이 서로 싸우지 않고 모이를 먹는 모습을 보면 마음이 행복해졌다.

그런 양계장에 한밤중에 불이 났다. 뛰어나가니 불은 지붕 위에서 훨훨 타고 있었다. 급한 마음에 닭들을 끄집어내어 밖으로 던지면 불길이 무섭지도 않은지 다시 닭들은 불타는 닭집으로 기어들어 왔다. 난처한 상황이었지만 이웃의 도움으로 큰 피해는 보지 않았다.

이 불의 진원지는 양계장 뒷집 형님이 술을 먹고 집으로 들어가다가 담뱃불을 지붕 위로 던져서 불이 난 것이었다. 그 형님이 고의로 불을 지른 것이 아니라서 이웃 간에 그냥 넘어갔지만 초가집이 불에 취약한 것을 여실히 입증한 사건이다.

나중에 알게 된 사실이다. 양계장에 불이 난 그날 밤 아버님의 꿈속에 할아버님이 오셔서 "아들아, 지금 잘 때가 아니다."라고 하셔서 깨어보니 양계장이 불타고 있었다고 한다. 자칫 큰 손실을 볼 수 있었던 양계장 불 사건은 할아버지의 현몽으로 조기에 불길을 잡아 피해가 크지 않고 넘어간 셈이다. 조상님과 우리의 연결이 지속되고 늘 자손을 지켜보고 있다는 것을 경험한 일이었다.

정성으로 키우던 닭들은 가족들의 애를 태우는 일도 다양했다. 추운 겨울철이면 닭들은 모여서 잠을 잔다. 수백 마리의 닭은 추울수록 무리의 위쪽으로 올라가며 잠을 잔다. 위로 위로 올라가는 닭의 습성으로 어떤 날은 십여 마리씩 압사를 당하는 비극이 일어나기도 했다. 이럴 때면 어쩔 수 없이 동네 이웃들과 나누어 먹을 수밖에….

닭들과 온 가족이 씨름하던 그즈음에 할머님의 첫 제사가 있었다. 예전 우리 고장에서는 첫 제사에는 음식을 많이 준비해 제사를 지내는 것이 관습이었다. 어렸지만 나도 집안일을 거들었다. 면 소재지에 가서 빵을 받아 오는 일을 맡았다. 손수레에 빵을 싣고 오는 중에 온몸에 두드러기(알레르기)가 나서 힘들었던 기억이 있다.

어린 시절 시골에서 자란 나는 육 고기를 먹을 기회가 별로 없었고, 제사라도 지내야 고기를 먹을 일이 생겼다. 고기 몇 점에 탈이 날 정도로 기름진 음식을 먹을 수가 없던 때, 할머니 제사음식으로 준비한 육 고기 한두 점 먹은 것이 잘못되어 두드러기가 났고, 검은 담요를 덮어쓴 채 부엌 아궁이 앞에서 불을 쬐며 치료했던 기억이 있다.

어렵고 힘들던 시절 부모님은 농사와 집안일, 양계와 달걀 판매까지 많은 식구를 책임지시기 위해 얼마나 힘드셨을까 마음이 아리다. 대 가족의 식사를 챙기는 일은 또 얼마나 힘이 드셨을까? 가끔이지만 생선을 먹을 때 어머님은 생선은 대가리가 맛있다며 언제나 생선 머리만 드시던 이유를 철없던 그때는 모르고 살았다. 부모님의 큰 사랑을 그때는 알지 못했다.

뜨거운 국이 쏟아진 배에 바른 참기름

아버님이 아주 어릴 때 할머님이 돌아가셔, 아버님과 작은아버지는 어머니 얼굴도 모른 채 두 분이 서로 의지하며 자라셨다고 한다. 가난한 옛 시골 살림에 할머님은 사진 한 장 남기지 못하셨다. 아버님은 가끔 "돈이 얼마가 들건 사진 한 장 구해 어머니 얼굴을 한 번이라도 보고 싶다."라고 말씀하시곤 했다.

아버님은 작은아버지를 끔찍이 아껴 주셨고, 형제간에 우애가 깊어 좋은 관계였다. 공부를 갈망하셨지만 아버님은 장남의 책임감으로 농사를 지으셨고 아버지의 배려로 공부를 할 수 있었던 작은아버지는 공무원이 되었다. 젊은 시절 면서기로 근무하는 동생의 체면을 생각해 아버님은 작은아버지에게 집안일을 절대로 시키지 않으셨다.

동생에게 지게질 한번 시키지 않고 큰 사람이 되길 바라셨던 아버님의 소망대로 직은 아버지는 세월이 흘러 면장이 되었다. 우애 깊던 두 분은 결혼 후에도 두 가정이 함께 사시다가 내가 태어나기 전, 작은집은 아래 동네에 기와집을 지어서 분가하셨다. 물론 분가 후에도 깊은 우애는 이어졌다.

두 분의 우애 덕분에 우리 형제들은 작은 집에 자주 왕래하며 사촌 간에도 우애를 나누며 자랐다. 그 시절, 우리 집은 초가집이지만 작은집은 기와집이었다. 비슷한 또래의 형도 있고 동생도 있던 아래 동네 작은 집은 초등학교 입학하기 전 자주 가서 놀던 기억이 있다.

어린 시절에 넉넉하지 못했던 우리 집은 먹을 것이 별로 없었다. 면사무소에 다니시던 작은아버지 댁에 가면 건빵, 과자 등 먹을거리가 많았던 것도 그 집을 자주 찾은 이유였을 것이다. 우리 집보다 모든 면에서 풍족했던 작은 집은 어린 내게는 로망이었다. 작은어머니도 내게 잘해주셨다.

5살 무렵 작은집에서 일어난 일이다. 밥때가 되어 작은어머니의 부르는 소리에 부엌으로 갔다. 어린 나이였지만 작은어머니를 돕고 싶은 마음에 국그릇을 나르려고 뜨거운 국이 담긴 국대접을 받아 들다가 국그릇이 엎어지면서 뜨거운 국물이 내 몸으로 쏟아졌다. 순식간에 일어난 사건이었다.

어린 피부라서 그랬는지 배와 다리에 큰 화상을 입었다. 놀란 작은어머니는 내 배와 다리에 참기름을 발라주셨다. 울면서 집으로 돌아온 나는 "기와집에서 다쳤다고. 이제 다시는 기와집에 가지 않겠다."고 서럽게 울었던 기억이 있다.

변변한 치료를 받지 못한 화상 상처는 성인 되어서도 보기 흉한 모양으로 남아 있었다. 그리고 그 흉터는 내가 해군사관학교에 낙방하는 요소가 되었고 나는 학군장교로 군 복무를 마쳤다. 미역국 화상 사건은 내 인생에 지대한 영향 미친 사건이다. 그때 내 인생의 항로에서 운명의 키는 좌표의 각도가 달라졌다고 생각한다.

할머니 사랑은 모르고 자랐지만 내가 두어 살 때까지 할아버님이 살아 계셨고 할아버지는 늦둥이 손자인 나를 아끼셨다고 한다. 삼촌이 할아버님 잡수시라고 사 오는 사탕을 할아버님은 내게 많이 주셨다고 한다. 손자가 많지만 어린 손자가 귀여웠던 모양이다.

할아버님이 편찮으실 때면 집안 식구들이 모였는데, 내가 울면 며느리(어머님)에게 "얘야 애기가 운다. 가서 돌봐라." 하시며 어린 나를 챙기셨다니 할아버님께 감사한 마음이다. 할아버님의 내리사랑과 부모님의 학구열은 나와 형제들에게 큰 교훈이 되었고 집안의 가치관과 정신적 지지대였다.

휴게소

나는 가수다

내가 다녔던 중학교는 '웅동학원'으로 다른 의미에서 언론에 많이 노출되었던 그 유명한(?) '웅동중학교'다. 인근 3개 초등학교 학생이 진학해 모인 남녀공학 중학교였다. 한 학년은 3학급이었는데 공부를 좀 하는 학생들을 2반으로 모았고 나도 항상 2반에 편성되었던 기억이 있다.

중학교 시절 시험을 보면 항상 전교 20등까지 성적순으로 교무실에 게시하는 것이 관례였는데 매번 내 이름도 거기에 속해 있었으니 공부는 어느 정도 하는 학생이었다. 국어와 음악에 관심이 많았던 나는 국어와 음악 시간이 늘 즐거웠다.

초등학교 때부터 소풍 가면 내게 노래를 부르라고 했던 기억을 더듬어 보면 노래를 꽤 잘했던 아이임에는 틀림이 없다. 초등학교 2학년 때 학예발표회에서는 친구와 둘이 학년 대표로 노래했다. 차례가 되어 무대에 서니 귀빈석에 작은아버지가 보였다. 면사무소의 높은 직위에 있는 작은아버지가 자랑스러웠다. 그 이후로도 소풍을 가면 늘 앞으로 불려 나가 노래를 불렀던 즐거운 추억도 있다.

중학교에서도 칭찬을 많이 해주시던 음악 선생님 덕분에 음악은 언제나 기다려지는 시간이었다. 그러나 수학과 과학은 언제나 어려운 과목이었다. 재능이 없고 재미도 없는 그 시간을 그래도 열심을 잃지는 않으려고 노력했다.

어릴 때 즐기던 음악은 내 삶에 있어 커다란 위치를 차지하고 있다. 앞으로 불려 나가 노래를 부르던 어린 시절이 지나고 어른이 되어내게 우연한 기회가 찾아왔다. 휴게소에서 심장병 어린이 돕기 위해 노래를 부르던 쌍둥이 듀엣 가수 '수와 진'과 친분이 생겼다. 어울려 노래를 부를 기회가 생겼는데, 내 노래를 듣고는 앨범을 내라고 했다.

뜻밖의 제안에 처음엔 '내가 무슨 앨범을…' 했지만, 결국 나는 개인 앨범을 냈고, 그 뒤 2집 앨범까지 낸 가수다. 적극적인 가수 활동

앨범

을 활동은 하지 않고 자기만족에 그치고 있지만 신곡이 5곡이나 있는 나는 진짜 가수가 틀림없다.

휴게소

가난했지만 아버님은 열혈 학부모

원래 웅동중학교는 주민들이 동네별로 자금을 모아서 만든 학교라 동네별로 산(동네 소유 산)도 학교에 기증하고, 동네 어른들이 나무를 베어 판 돈을 모아서 만든 학교라 주민들의 의견이 많이 반영되는 학교였다. 중학교 3학년 졸업반이 된 나는 도시에 있는 고등학교에 가려고 준비했지만 선생님은 성적이 안 된다며 농업고나 아니면 인근의 고등학교에 원서를 내라고 하셨다.

아버님께서 학교를 찾아와 선생님에게 "무조건 원서를 써 주라."고 압박해 선생님은 마지못해 도시 고등학교의 원서를 써 주었다. 결과는 의외였다. 나보다 성적이 좋은 친구들이 여러 명 낙방하였지만 나는 합격을 했다. 알고 보니 시골 중학교 출신인 나는 거의 꼴찌로 입학한 것이었다. 그래도 나는 원하는 고등학교에 입학을 한 행운아가 되었고, 지금도 그 일은 내가 살면서 누린 큰 기쁨 중 하나로 기억되고 있다.

아버님께서는 젊은 시절에 농사를 짓는 것보다 공부해야 한다는 생각으로 두 번이나 가출해 멀리 만주와 청진까지 가서 일을 도모하였으나 결국 실패하셨다고 한다. 장남이니 농사를 지으며 부모님을 모셔야 한다는 의무감 때문에 고향에 돌아오셨다는 얘기를 들으며 자랐다.

그래서 부모님은 아들들은 무조건 공부를 많이 시키겠다는 학구열이 대단하셨다. 아버지의 바람대로 도시의 고등학교에 진학한 나는 학교에 가기 위해 매일 한 시간씩이나 버스를 타고 학교에 가야 했다. 멀리 버스가 보이면 집에서 1.5km를 뛰어가야 겨우 버스를 탈 수 있었다. 선택의 여지 없이 매일 아침 버스를 향해 달려가는 것이 나의 일상이었다.

넉넉하지 못한 살림이어서 고등학교를 입학하며 물려받은 남루한 교복을 입고 다녔다. 그렇게 1년을 다니던 중 시내에 있는 고모님 댁에서 한번 들리라고 했다. 고모님 댁에 가니 누님이 그때 유행했던 스마트 복지 원단을 사서 교복을 직접 만들어 주었다.

그때는 대부분 광목 교복을 입던 시절이었다. 금방 구겨지는 광목 교복도 새것을 입지 못하던 나는 몇몇 극소수 학생만 입던 스마트 원단 교복이 꿈인 듯 믿어지지 않았다. 그렇게 새 교복을 입는 기회와 함께 통학 거리가 머니 고모 댁에서 다니라는 뜻밖의 배려에 감사했던 기억이 있다. 어른이 되어 나에게 조카들이 생기고 나니 고모님이 더욱 고맙게 느껴졌다. 조카를 친자식처럼 대해주신 고모님의 도움을 받으며 학창 생활을 보낸 것은 큰 행운이었다.

고모님의 인자함을 더욱 크게 느낀 이유가 있다. 그때 고모님 댁에는 나와 나이가 같은 고종사촌이 있었다. 도시의 고등학교에 진학하지 못한 그 사촌은 우리 집 근처의 고등학교에 다니고 있었다. 고모님 입장에서는 나에게 "내게 와서 있어라." 하시기가 어려웠을 것인데 나를 받아주셨다.

잊혀 지지 않는 일이 또 있다. 고등학교 3학년 때 수학여행을 설악산으로 가는데, 여행 경비가 없어서 나는 갈 형편이 못 되었다. 고모님이 내 형편을 알고 선뜻 여행 경비를 내주셔서 갈 수 있었다. 주변의 그런 관심과 애정 덕분에 나는 학교생활에 최선을 다하려고 노력했다.

또래 아이들이 다니는 다방도 극장도 몰랐고, 학교와 집밖에 모르던 학생으로 고등학교를 졸업했다. 그렇게 학교와 집만 오간 데에는 다른 이유도 있다. 나는 학창 시절 용돈을 모르고 지냈다. 내가 받은 최초의 용돈은 고등학교 시절, 외항선을 타시던 큰 형님이 준 것이었다. 아마 큰 형님은 고등학교 시절 남루한 옷으로 어렵게 생활하던 내가 마음이 쓰였던 모양이다.

가난했지만 내게 좀 더 나은 배움의 기회를 주시려고 최선을 다한 열혈 학부모인 아버님과 인자한 고모님께 작은 보답을 했다. 입학할 때는 꼴찌로 들어갔지만 졸업할 때는 600여 명의 졸업생 중 40위로 올라선 일이다. 성실했던 나의 고등학생 시절은 괄목할 만한 성장을 이뤄낸 성적으로 위안이 되었는데 마지막 관문인 대학 입시에서 아픔을 겪었다. 뛰어나게 우수한 성적은 아니었지만, 유수 대학에 가고 싶었던 내 꿈은 성공하지 못하고 재수의 길을 걷게 되었다.

청운의 뜻을 품고 택한 재수

대학에 낙방하고 재수를 선택한 이상 온 힘을 다하겠다는 결연한 의지로 머리를 빡빡 깎고 부산에 있는 학원에 등록했다. 잠은 독서실에서 책상 사이에 널빤지를 놓고 잤고, 셋째 누님이 친구분과 근처에서 자취하고 있던 덕분에 식사는 거기서 해결하며 고달픈 재수 생활을 시작했다.

시골집에서 부산의 학원에 가려면 버스를 타고 가다가 중간에 내려 부산 하단으로 배를 타고 가야 했다. 한번은 쌀을 한 자루 들고 배를 타려고 기다리고 있었다. 그때 무슨 일인지 파출소에서 나온 순경이 배를 기다리던 사람들을 검문했다. 알고 보니 검문 이유는 나였다.

까까머리를 한 청년이 쌀자루를 들고 가니 수상한 사람으로 보았는지 내 신원을 확인하는 것이었다. 그때는 주민등록증 발급이 안 된 나이여서 내가 나를 증명할 방법이 없었다. 파출소에 동행해 시골 마을의 면 소재지에 전화를 걸어 확인한 후에야 나올 수 있었다. 지나간 일이어서 편하게 말하지만 그때는 정말 막막했던 사건이다.

그때 만해도 낙동강 변에서 재첩이 많이 생산되었다. 당시는 숙취 최고의 음식으로 재첩국이 꼽히던 시절이다. 낙동강 주변에서는 아마 전날 과음을 한 남성들이 아침 해장국으로 재첩국을 들이켰을 것으로 생각된다. 새벽이면 양동이에 재첩국을 이고 다니면서 "재첩국 사이소, 재첩국 사이소." 재첩국 파는 소리에 잠이 깨고, 일어나 새벽을 열었다. 재첩국 파는 이들이 나의 알람 역할을 해준 셈이다.

봄에 시작한 재수 생활을 열심히 한 덕분에 8월까지는 어느 정도 괜찮은 점수가 나왔다. 그런데 먹는 것이 부실했던 것인지, 체력이 따라 주지 못하고 수시로 코피가 나고 해서 도저히 독서실 생활을 할 수 없는 상황이 되었다. 이후 '구덕학사'라는 기숙형 독서실에서 생활을 시작했다.

그때 같이 공부하는 형님이 있었다. 고시 공부를 대략 5년 정도 한 것으로 기억된다. 손으로 십이 간지를 알려주고 사주 보는 법을 가르쳐 주어, 그때 배운 풍월로 장난삼아 사주를 보아주곤 한다. 그러나 상대와의 어색함을 해소하는 방편이지 지금껏 맞춘 사례는 거의 없는 것 같다.

고군분투하던 재수 생활은 슬럼프에 빠졌다. 체력도 바닥나고 성적은 오르지 않았다. 기숙형 독서실은 부산시 대신동 구덕운동장 근처였다. 큰 축구 경기가 있으면 동네 전체가 시끌시끌하던 곳이다.

큰 경기가 있는 날은 아예 공부를 구덕운동장 근처를 배회하다가 슬쩍 운동장에 들어가거나 근처에서 TV를 시청하기도 했다.

  공부에 집중이 잘 안되던 9월경 고민에 빠졌다. 그렇게 시간은 가고 학원 생활에 별 의미를 찾지 못하던 나는 학원을 정리하고 시골집으로 돌아가서 농사일을 도왔다. 시골집에서 농사를 거들며 틈틈이 공부했으나 큰 성과가 없었다. 미래를 생각하면 특별한 방도를 찾을 수가 없었고 암울하기만 했다. 어찌해야 하나 고민하던 중 수능이 시험일이 다가왔다. 일단 수능을 보기로 했다.
  1차로 수도권의 대학에 응시했지만 또 낙방이었다. 이대로 끝나는 것인가? 나도 아버지의 뒤를 이어 농사를 지어야 하는가? 자신을 자책하며 미래를 가늠할 수 없는 나날의 연속이었다.

해군사관학교에 도전하다

재수 끝에 대학은 해군사관학교 진학을 결심했다. 진해에 있는 해군사관학교는 지역적 익숙함과 같은 고등학교 출신들이 많이 진학한 것도 이유였다. 해군사관생도에 대한 정보도 많이 들었고 제복 입은 모습도 멋졌다. 부모님도 허락하셔 해군사관학교에 원서를 접수했다.

대학으로 가는 길은 왜 내게 그리도 험한 길이었는지! 해군사관학교의 시험 날, 그날은 일찍부터 기다리던 버스가 오지 않았다. 승용차가 별로 없던 시절이라 다른 교통편은 생각할 수 없던 시절이다. 애를 대우며 기다리고 있는데 한 시간 반 정도 늦게 버스가 왔다. 진해 버스 터미널에 도착하였지만 시험 시간에 맞춰 시험장에 도착하기에는 시간이 너무 촉박했다.

해군사관학교는 통제부라고 하는 해군사령부 내의 군사 지역에 있었다. 진해우체국에 과장으로 근무하던 매형에게 전화로 교통편을 요청했다. 매형이 우편배달 차량을 긴급히 수배해 주어 그 차를 타고 통제부로 들어가게 되었다. 매형 덕분에 차량은 해결했지만 나는 허겁지겁 우편배달 차를 타고 우편배달 물품(?)이 되어 해군사관학교 시험장에 들어갈 수밖에 없었다. 지금 생각하면 웃음이 절로 나는 일이다.

고사장에 들어가니 1교시 시험이 이미 시작되어 있었다. 1교시 과목은 국어시험이었고, 잔여 시간은 한 20여 분 남아 있었다. 국어는 수능에서 만점을 받았을 정도로 자신이 있는 과목이었으나 시간이 없어 절반 정도 정독을 했고, 나머지는 그냥 찍는 형태로 시험을 칠 수밖에 없었다.

필기고사 결과로 1차 합격자를 발표했다. 다행히 합격생 명단에 내 이름이 있었다. 시험 당일 지각으로 인한 마음고생과 난감했던 상황을 생각하면 진심으로 감사한 일이었다. 2차 관문인 신체검사를 받기 위해 해군사관학교를 다시 찾았다. 추운 겨울 매서운 바람을 맞으며 운동장에서 오랫동안 체력 검정을 치렀다. 여기서 알게 된 중요한 사실이 있었다.

내가 어릴 때 작은집에서 입었던 화상으로 배와 다리에 남은 보기에 안 좋은 흉터가 상당한 감점 요인이 될 수 있다는 사실이었다. 또 1차 시험에서 늦게 온 버스 때문에 시험 시간에 늦어 필기 점수도 그리 좋지 않았을 것이고, 여러 가지 이유로 2차 시험에 낙방하고 결국 해군사관학교 입학은 좌절되었다.

인생에 운명이 정말 있는 것인지. 그때 버스만 제시간에 오고 어릴

적 화상만 입지 않았다면 군함을 지휘하는 해군 장교가 되었을지도 모르는 일이지만, 나는 경제학과에 입학해 학군단에 지원했다. 그리고 전방의 철책 소대장으로 군 생활을 시작했다. 이후 도로공사에 입사한 후 펼쳐진 내 인생을 반추해 보면, 해군사관학교에 낙방한 것이 오히려 인생에 도움이 되었다는 생각이 든다.

아마도 직업군인은 체질적으로 내 성향과 맞지 않는 직종이었다. 내가 해사를 졸업하고 직업군인이 되었다면 만족한 직업이 되지 못했을 것이다. 다행히 한국도로공사에 입사해 고생은 했지만 휴게소 분야 우리나라 최고 전문가(?)가 되었으니 해군 장교보다는 훨씬 보람 있는 일을 했다고 생각한다.

편물점 '태양모사'와 둘째 형님 내외

　편물점을 운영하던 둘째 누님은 장소를 마산으로 이전해 둘째 형님에게 가게를 물려주었다. 그 덕분에 내가 털실 가게에서 손님이 선택한 실을 기계로 감아 주는 일을 했다. 그때는 타래로 실이 나왔고 소비자가 원하는 만큼 판매점에서 실을 감아서 뭉치로 만들어 주는 단순 작업이 필요했다. 그리고 영업도 지원하면서 자연스럽게 편물점 아르바이트생이 되었다.
　편물점 일을 돕던 시절 작은 에피소드들이 기억난다. 그때는 직접 아이들 옷을 떠서 입히는 집이 많아 겨울철이면 털실을 사려는 사람들로 늘 가게가 북적였다. 작은 가게였지만 손님이 늘 가득 차서 털실 감는 일도 바빴지만, 털실을 슬쩍 가져가는 사람들이 없는지 감시하는 것도 내가 맡은 일이었다.

한번은 상당히 수준이 있어 보이는 아줌마가 실을 사지 않고 그냥 가져가는 것을 보고 잡았다. 그분은 잘못했다고 하면서 한 번만 용서해 달라고 사정했다. 상당히 유복한 분이었다. 남편은 은행 지점장이고 궁색한 형편이 아닌 분이라 더 괘씸했다. 생리주기에 따라 도벽이 생긴다는 말을 듣고 용서해 준 기억이 있다.

또 한 번은 은행에 입금할 거금(지금으로 치면 한 3천만 원 정도의 돈)을 신문지로 감싸서 입금하러 가려고 하는 사이 순식간에 없어진 일이다. 둘째 형님의 편물점은 털실 도매도 했기 때문에 수시로 서울에 입금하고, 한 달에 두어 번씩 화물차로 배달이 오곤 했다.

바로 그런 시간이었다. 정신이 아득해지는 순간이었지만 잘 생각해 보니 방금 도매 손님이 왔다 간 것이 생각났다. 아차, 그분을 찾아야 한다는 생각에 온 시장을 뒤지고 뛰어다녔다. 다행히 그분이 시장에서 팔에 돈뭉치를 끼고, 난전에서 간식을 먹고 있는 것을 발견했다.

아 살았구나, 생각하며 "사장님 이것을 가져가시면 어쩝니까?" 하고 물으니 "내가 무엇을 가져갔다고 그러느냐?"라고 오히려 나를 이상한 사람으로 몰았다.

팔에 끼인 신문지 뭉치를 보고는 깜짝 놀라며 "이게 왜 여기 있지." 자기 지갑인 줄 알았다고 하며 돌려주었다. 평소 성실하고 신뢰가 있던 거래처였고 의도치 않게 모르고 가져간 것 같아 해프닝으로 마무리 한 일도 있다.

짬짬이 가게 일을 돕기는 했지만 학비를 지원해 준 둘째 형님 덕분에 나는 무사히 대학을 마칠 수 있었다. 8남매, 많은 형제와 자매 중

막내에 가까운 일곱째였던 나는 누님과 형님들 덕분에 큰 어려움 없이 학업을 마친 것이 늘 고맙고, 감사한 마음으로 살아왔다. 그러나 60이 훌쩍 넘은 지금도 그 고마움에 보답하지 못하고 사는 것 같아서 항시 마음 한쪽에는 미안함이 자리하고 있다.

그 당시를 생각할 때, 제일 감사한 것은 둘째 형님 내외분이다. 형제 많은 집에 시집온 둘째 형수님은 늘 시동생들을 챙겼다. 당시 대학에 다니던 나와 셋째 형님이 털실 가게(태양모사)에 같이 있었다. 그리고 셋째 누님도 같이 몇 년간 있었고 이후로 내 남동생도 같이 있었다. 남동생은 지금도 둘째 형수님과 함께 '태양모사'를 운영하고 있다.

이처럼 둘째 형수님은 결혼 후, 오랫동안 많은 식구의 뒷바라지를 책임졌다. 태양모사를 꾸려 가며 내 학비를 부담하셨고, 셋째 형님과 동생과 함께 가게를 운영하며 지금까지도 두 사람의 생활을 책임지고 있다. 그뿐 아니라 가게를 물려준 둘째 누님의 간섭(근처에 사셨고, 태양모사를 물려주어 간섭을 많이 하셨을 것)과 부모님들의 간섭이 무척이나 힘들었을 것이다. 그러나 전혀 내색 없이 묵묵히 아내의 역할, 형수님의 역할, 며느리의 역할을 해냈다.

고맙고 감사하다는 말씀을 아직 한 번도 제대로 하지 못했다. 늦었지만 '조수금' 둘째 형수님께 지면을 통해서나마 진심으로 감사하다는 마음을 표한다. 천성적으로 착한 인성의 형수님이 평생을 바쁘게 살며, 넉넉한 마음으로 8남매의 많은 형제와 가족의 화목과 우애를 위해 희생하신 것에 대해 거듭 감사를 드린다.

또 한 가지 고백할 일이 있다. 가게 일을 돕던 나에게 형님과 형수님은 늘 용돈을 적당히 주셨다. 그 당시 가게 일을 돕던 나는 영업을 마감하면 비닐봉지에 판매 금액을 담아 두 분께 드리는 일을 맡아 하고 있었다. 나는 용돈이 필요할 때면 의도적으로 만 원짜리 한 장 정도를 남겨 두고 다음 날 영업 준비를 하며 슬쩍 가져간 사례가 서너 번 있었음을 고백한다.

항상 마음속에 죄송한 마음이 있었는데 이것도 지면을 통해 고백하고 사과드린다. 책이 출간되면, 책 판매 수익금으로 반드시 갚을 것을 약속한다. 그래야만 마음이 후련할 것 같다.

대학 생활의 꽃, 동아리 활동

　대학생이 되었다. 입학 후 제일 먼저 스스로 큰 결정을 해야 할 일이 생겼다. 나의 대학 생활 내내 많은 영향을 줄 동아리를 선택하는 문제였다. 수많은 동아리 중 같은 경제학과 선배님이 회장으로 있는 로타렉트(로타리클럽 산하 대학생 단체) 동아리에 가입했다.
　토론과 학술 행사에 참여하면서 견문을 넓히고 선배, 동기들과의 교류도 즐거웠지만 동아리 활동을 하며 가장 보람 있던 일은 하계봉사 활동이었다. 대학생이 되어 처음 맞는 종강, 여름방학이 시작되었다. 로타리클럽에서 재정을 지원하는 하계봉사활동에 참여하는 기회가 왔다. 경상남도 통영시 외딴 작은 섬 매물도 '노대하리 초등학교'에 캠프가 꾸려졌다.
　초등학교에는 선생님이 한 분 계셨고, 전교 학생은 총 15명 정도의 작은 분교였다. 마을을 위한 노력 봉사로 하천과 도로를 정비하고,

축대를 쌓아주고, 어린이를 대상으로 야학을 운영했다. 로타렉트 회원으로 하계봉사에 참여한 동아리 회원들은 아마 각자의 집에서는 평범한 학생이었지만, 단체의 일원이 된 그곳에서는 각자에게 맡겨진 역할에 모두 다 열심을 내었다.

일찍 일어나 마을 일을 돕고 밤이면 어린이들과 함께하는 야학까지. 아들 같고 손자 같은 젊은 청년들의 열성에 주민들도 마음을 열고 적극적으로 필요한 것을 요청하며 신뢰를 보냈다. 학생들이 필요한 것을 기꺼이 내어주시던 '노대하리'의 첫 하계봉사활동을 큰 보람 속에서 성공적으로 완수했다.

봉사단원 모두가 열정적으로 주민들과 대화도 하고 평소에 하기 어려운 일들을 도와서 하다 보니, 모두 정이 들어서 봉사 활동을 마치고 돌아올 때는 주민들과 학생들 모두 눈물을 글썽이며 헤어짐을 아쉬워했던 기억이 새롭다.

배가 떠나려는 순간, 주민 대표님이 달걀을 한 20여 개 보자기에 담아서 주셨다. 눈물 많던 내가 울음을 참지 못하고 울자, 모두 울던 모습은 수십 년이 지났지만 아직도 눈앞에 선명하다. 그때는 모두 정이 많던 시절이었고 작은 것으로 마음을 나누며 살던 시절이었다.

하계봉사활동은 부두에서 헤어짐이 끝이 아니었다. 이후 초등학교에 한 분 계시던 선생님께서 편지를 보내셨다. "우리 동아리의 방문과 마을 일을 도와준 것은 노대하리 마을의 영광이었고 노대하리 마을주민 모두 봉사 활동을 잊을 수 없다."라고 하셨다. "아마 오래도록 주민과 함께 하나가 되었던 봉사 기간이 노대하리 마을 사람들 가슴에 좋은 기억으로 빛날 것."이라는 편지는 하계봉사에 참여한 모두의 마음에 큰 감동을 부어 주었다.

낯선 곳이지만 마을에 필요한 일을 하며, 내가 누군가에게 힘이 된다는 것을 체험을 한 그 시간은 내 일생에 있어 큰 자존감을 느낀 첫 이벤트였다. 그동안 집안의 어린 동생으로 누나와 형들의 도움을 받으며 지내온 시골 청년의 사회적 존재양식이 바뀌는 사건이기도 했다.

첫 경험에서 큰 보람을 느낀 하계봉사활동은 1학년에 이어 2학년까지 참여했다. 2학년 때는 총무를 맡아 막중한 책임감 속에서 1학년 때와는 또 다른 경험을 한 시간이었다. 리더의 역할이 조직의 성과에 영향을 주는지를 실감한 기회였다.

가슴설레던 대학 동아리 활동은 내 젊은 날의 선명한 추억이다. 어느덧 세월이 40여 년이 흘렀지만 그때 인연을 맺은 동아리 선후배들과는 지금도 종종 만나곤 한다. 그 시절 같이 동아리에서 함께 활동했던 친구 중 동아리에서 만나 결혼한 커플이 있다. 그 친구는 졸업 후 은행에 입사했는데, 내가 다니는 도로공사가 판교에 있어 분당에 사는 친구 내외와 어울리는 기회가 많았다.

친구가 살던 분당 서현역이 언론 속보에 등장했다. 분당 서현역 인근에 난동자가 있어 피해자가 많다는 기사를 접하고 친구가 생각나서 안부 전화를 했다. "잘 지내나? 요즘 서현역에서 사고가 많다는데…"라는 말을 하는 순간 전화기에서 비명과 함께 외치는 소리가 들려왔다. "희남이가 숨을 안 쉰다. 어떻게 하면 좋으냐" 나와 통화를 하던 그 시각, 친구의 부인이 사고를 당한 것이다. 119를 불러 병원으로 이송한다는 친구의 말을 들었지만 나는 그때 멀리 대전에 근무 중이라 바로 갈 수가 없었다. 근처에 있는 다른 친구를 빨리 가보도록 조치하고 상황을 파악했다.

이게 무슨 청천벽력 같은 말인가? 언론에서 접한 뉴스가 내 친구의 일이라니. 믿을 수 없는 상황이 현실이 되었다. 친구가 당한 사건의 내용은 황망하기 이를 데 없었다. 그날따라 친구는 평소보다 조금 일찍 퇴근하고, 아내와 함께 간단한 외식을 하려고 집 근처에서 만나 두 내외가 손을 잡고곧 떠날 해외 여행 이야기를 하면서 인도를 걸어가고 있었다고 했다.

매너 좋은 친구는 차도 쪽으로 부인은 인도 안쪽으로 걷는데 갑자기 뒤에서 차가 와서 인도 안쪽을 걷던 부인을 치고 갔다는 것이다. 순식간에 일어난 일이라 어떠한 대처도 할 수 없는 상황이었다고 했다.

친구 내외는 언론에 보도된 서현역 난동 사고의 피해 당사자가 되었다. 사고 후 인근 병원에서 며칠을 생과 사를 넘나들던 친구 부인은 하늘나라로 영원히 떠났다. 세상을 뜬 친구 부인은 정이 많아 가족은 물론 주변 사람들을 살뜰하게 잘 챙기고 부부 간의 금실이 좋던 모범적인 현모양처였다.

아내를 잃은 남편, 어머니를 잃은 자녀, 그 가족의 고통은 이루 말로 표현할 수 없는 어려움이었을 것이다. 이제 1주기가 지나며 친구도 좀 안정을 찾는 듯 보이지만 마음속 그 고통을 누가 다 알 수 있을까. 사회와 국가가 그런 일이 다시 일어나지 않도록 사전 예방 대책을 세우길 바란다. 각계각층의 노력이 필요하며 특히 국회에서의 입법이 가장 중요하다고 생각한다.

수년 전까지 서울 인근에 사는 대학 동아리 후배들과(로타리 산하에 있는 대학생 동아리 로타렉트) 가끔 모여서 담소를 나누기도 했는데 근간에는 모이지 못했다. 친구 사건을 겪으며 사람이 사는 것이 참 덧없다는 생각이 들었다. 바빠서, 힘들어서 소식 뜸한 대학 동아리 선배, 후배들과 만나서 사는 이야기라도 나누며 살아야겠다는 생각이 들었다.

휴게소

'장발'과 '미니스커트'

나의 대학 생활이 이렇게 진정성 있는 활동만으로 채워진 것은 아니었다. 많은 청년이 사회에 대한 저항의 의미였는지 남자들은 머리를 기르고 여자들은 짧은 미니스커트를 입는 것이 유행이던 시절이었다. '장발 단속'과 '미니스커트'는 지금의 시선으로 보면 아무것도 아니지만 그때는 사회적 문제였다.

머리를 기르는 젊은이들을 곱게 보지 않던 기성세대는 그것을 묵인하지 않았다. 경찰을 동원한 단속으로 젊은이들의 집단 문화에 제재를 가했다. 가위를 들고 자를 들이대고 스커트 길이를 재던 경찰관이 당연하던 시절이 있었다.

기성세대의 잣대에 견준 단속의 기준으로 머리가 길었던 나는 '장발 단속'에 걸려 파출소에 연행되어 경찰서에 간 적이 있다. 마산 시내 전체에서 연행된 청년들이 100여 명이 되었다. 유치장에 갇혀 있었는데 저녁 늦게 학생들을 따로 불러내었다. 학생들을 한동안 훈계하던 경찰서장님께서 직접 가위를 들고 머리를 깎아 줄 테니 머리를 깎고 나갈 것인지, 아니면 내일 즉결심판을 받을 것인지 결정하라 하셨다.

서장님의 말씀인즉 "내 아들도 장발인 것을 보았다. 머리를 단정히 하라고 이야기했지만 듣지 않았을 것이다. 전국적으로 일제 단속 중이니 아마 내 아들도 분명히 어딘가에서 연행되었을 것이다. 아들 같아서 연행된 대학생들이 즉결에 넘어가는 것을 볼 수 없어 선처하려 한다."라는 것이었다.

대학생 20여 명이 서장님께 머리를 깎아 달라고 줄을 섰고, 서장님은 직접 가위질하며 머리를 깎으셨다. 놀랍게도 서장님의 커트 솜씨는 미장원의 디자이너 뺨치는 수준으로 머리를 잘 깎았다. 긴장했던 마음이 다소 누그러졌고 안심하고 기다리던 내 차례가 되어 생각지 못했던 돌발 상황이 터졌다. 서장님의 수고가 미안했던 경찰분이 "서장님 이제부터는 제가 하겠습니다." 하더니 가위를 받아 들었다.

제발 내 머리가 보기 흉하지 않기를 기도하면서 눈을 감았다. 서장님과는 달리 머리카락을 뜯는지 자르는지 모를 정도로 아팠다. 결과물도 참혹했다. 머리는 꼭 쥐가 파먹은 것처럼 보기 흉했다. 하필 내 차례부터 시작된 불운한 이 일로 얻은 교훈이 있다. "아! 인생은 줄이구나." 인생에 '운'이라는 것이 존재한다는 것을 실감한 사건이었다.

휴게소

부마민주항쟁

대학 시절은 인생을 살면서 미래로 가는 과정에서 열려있는 가능성의 시기라고 생각한다. 고뇌도 낭만도 상존하던 그때, 사회적 가장 큰 관심사는 배고픔을 해결하는 데 집중되던 시절이었다. '잘살아 보세'가 화두였던 1970~80년대 산업화로 가는 그 길에는 경제 부흥을 위한 열정과 함께 누군가의 희생이 있던 때였다.

많은 학우가 표출되는 사회현상을 고민하던 그 시기 나는 대학생이었고 크고 작은 사건들이 나의 청춘과 궤를 같이했다. 대부분 학우와 마찬가지로 대학 시절 나는 시험 기간은 별론으로 하고 공부보다 동아리 활동과 아르바이트로 바쁜 날을 보냈다. 교시로 재직 중이던 사촌 누님이 학교 제자들을 소개해 나의 아르바이트는 꽤 흥업을 이루고 있었다.

또 다양한 경험을 쌓아야 한다는 생각으로 친구와 둘이 손수레를 빌려서 '쥐포 장사'를 했다. 쥐포를 한 500여 마리 사서 연탄불에 구워 팔았다. 처음에는 지인을 만날까 두려워 밀짚모자를 눌러 쓰고 팔았지만 며칠이 지나자 오히려 지인이 지나가면 끌고 와서 사도록 강요할 만큼 장사에 재미가 붙었다.

작은 경험이었지만 그런 일들은 후일 내가 무엇인가를 할 때마다 자양분이 되었다는 것을 인정한다. 인생의 좋은 경험인 장사 덕분에 그 친구와 나는 서로를 아직도 '쥐포'라는 별명으로 부른다. 그리고 그 '쥐포'는 지금도 가까이 살면서 같이 이것저것을 하고 있으니 참 인생에는 인연이란 게 있다는 생각을 지울 수 없다.

그렇게 경제활동에 관심을 쏟으며 지내던 나의 대학 생활에 특별한 사건이 일어났다. 1979년 10월 계량경제학 수업 시간이었다. 계량경제학 교수님은 쉬는 시간 없이 항상 두 시간을 연속으로 강의하시는 분이었지만 그날은 강의를 한 시간만 하고 일찍 마치는 보기 드문 일이 일어났다.

강의실을 나와 교정으로 내려오니 월영지와 도서관 앞에 학생들이 여기저기에서 삼삼오오 모여 있는데 분위기가 심상치 않았다. 경제학과 친구들과 나는 도서관 앞에서 있었고, 누군가 도서관 옥상에 올라가더니 유인물을 뿌렸다.

학생들이 모여들고 선구자노래가 여기저기서 시작되었다. 모두 어깨동무하고 시내로 나가자는 외침이 이어졌다. 학생들은 자연스럽게 대오를 만들고 스크럼을 짜고 교문을 향해 밀고 나갔다. 그러나 이미 교문은 닫힌 상태였고, 아무리 밀어도 육중한 철문을 열 수 없었다. 전경이 수백 명 배치되어 더 나아가지 못하는 상황이 되었다.

이때 여학생들이 전면에서 외치는 소리로 데모의 열기가 더 고조되며 전경과 학생들의 대치 상태는 한참 이어졌다. 시간이 흐르며 누군가 시내 3·15 탑에서 만나자고 외치는 소리가 들렸다. 모두 약속이나 한 듯 교정 뒤편의 담을 넘어 시내 쪽으로 나갔다. 시내 중심가에는 이미 인파가 급격히 모여들고 있었다.

나도 모르는 사이 나는 시위 인파 중 하나가 되어 손에 손을 맞잡고 '독재 타도' '유신 철폐'를 외치고 있었다. 반대 거리에서도 또 다른 데모행렬이 몰려와 합세하며 인파가 늘어날 때는 이렇게 많은 사람이 하나가 되고 있다는 생각에 가슴이 벅차오르고 묘한 쾌감이 느껴졌다.

눈앞에서 최루탄이 터지고 일행 중 연행이 되는 사람들이 늘어갔다. 그 순간에 나도 넘어져서 연행될 뻔했는데 굴러서 차 밑으로 기어들어가 겨우 연행은 면했다. 그때 연행되었으면 내 인생은 많이 달라졌을지도 모른다. 연행되어 간 학생들은 모두 일정 기간 감금되었고, 개학 후까지 감금된 학생들도 있었다. 그때 내가 연행되었으면 학군단 입단은 하지 못했을 것이고 지금과는 다른 삶을 살았을지도 모를 일이다.

저녁이 되어 3·15 탑 주변에 모여든 시위자 중에는 잡혀간 동지들을 구하러 경찰서로 진격하자는 강경주의자들이 있었다. 그러나 공권력에 정면으로 도전하는 무력행사가 될 수 있고, 또한 많은 피해자가 발생할 수 있으니 평화적 데모를 계속하자는 의견이 우세해 무력시위는 일어나지 않았다. 그러나 야간이 되어 경찰차를 밀어서 다리 밑으로 전복시키고, 건달로 보이는 사람들이 공중전화를 부수는 등 사회 기물을 파괴하는 행위를 보고 큰일 나겠다 싶어 집으로 돌아왔다.

이것이 '부마사태' '마산학생운동'의 시작이다. 이후 '부마민주항쟁'으로 불리게 된 이 일은 1979년 10월 부산 및 마산 지역을 중심으로 벌어진 박정희 정권의 유신 독재에 반대한 시위 사건이다. 이때 내가 시위에 참가한 것은 계획된 큰 뜻을 가지고 참여한 것은 아니었다.

그러나 그때 우리 대학생 대부분은 모두 열성적인 운동권 인사가 아니어도 민주화를 꿈꾸었고, 자유를 그리워했고, 사회적 평등을 고민했다. 나도 그렇게 부마사태, 후일 '부마민주항쟁'으로 불리게 된 이 사건의 중심 현장에 서 있었다. 내가 참여한 그때의 사건이 후일 우리나라의 역사에 기록될 만큼 중요한 사건이 될 것으로는 생각하지 못했다.

철책을 지키던 학군(ROTC)장교

　대학 졸업과 동시에 육군소위로 임관 후에 광주의 보병학교 교육을 마치고 배치된 곳이 바로 전방 철책사단인 15사단이었다. 사단사령부는 사창리에 있으나 우리 대대는 철책을 지키는 대대라서 민촌(일반인 출입을 통제하는 마을)을 지나서 산 정상에 있었다. 처음 부임한 곳은 곳곳에 지뢰 표시가 있고, 북한 방송은 귀가 터질 만큼 크게 들리고, 산 정상에 설치된 철책은 공포감을 자아내는 풍경이었다.

　소대원 모두는 철모에 M16 소총과 수류탄 등을 구비하고 밤이면 진지 경계를 위해 투입되었다. 처음에는 긴장해 며칠간 군화도 벗지 못하고 쪽잠을 잤으나, 나중에 적응이 되었고 후방의 국민을 위해 전방을 지킨다고 생각하니 보람도 있었다. 무엇보다 누군가는 담당해야 하는 일이고 대한의 남자로 태어나서 당연히 이행해야 할 의무라 생각하니 뿌듯하고 자신감도 생기게 되었다.

내가 담당한 철책 구간은 약 1km가량 되었다. 중간에 GP로 들어
가는 통문 관리도 내 소관이었다. 통문은 수시로 수색조가 들어가거
나, GP에 부식을 배달하거나, 또한 VIP(별을 단 고급장교)가 들어가는
일이 빈번했다. 통문을 열기 전에 반드시 통문 앞에서 안전교육을 하
고 방탄복을 착용한 뒤 들어가야 했다. 절차에 따라서 누구든 교육해
야 했기에 한시도 긴장을 늦출 수가 없는 보직이었다.

한번은 야간 근무 중에 급하게 연락이 와서 뛰어가 보니 초소 전방
조금 먼 거리에서 무엇인가 이상한 것이 조금씩 움직이는데 무엇인
지 도무지 알 수가 없다고 했다. 잘 살펴보니 산짐승일 수도 있고 북
한군이 염탐하러 온 것일 수도 있어 초소 근무자 모두에게 조준 사격
준비를 시키고, 내가 지시하면 무차별 사격을 가하도록 지시했다.

총성이 울릴 수 있는 급박한 상황이었다. 조심스럽게 랜턴을 비추
고 살펴 보니 부러진 큰 나뭇가지가 바람에 흔들리는 소리였다. 웃음
나오는 해프닝이었지만 좀전의 긴장감을 생각하면 착각이었다는 것
이 그처럼 고마울 수가 없었다.

또 한번은 야간초소 근무자 중 한 중창급 병사가 없어졌다는 보고
가 급히 왔다. 소대 막사와 철책은 조금 거리가 있었으나 뛰어서 한
5분 정도면 갈 수 있는 거리라 전령과 같이 달려갔다. 철책은 항상
2인조로 행동해야 하는 지침이 있다. 도착해 보니 병사 한 명이 십여
분 전부터 보이질 않고 아무리 찾아도 없다는 보고를 받았다.

순간 갑자기 없어졌다면 철책 넘어 북으로 갔거나, 아니면 후방으
로 탈영했거나 둘 중 하나였다. 근무 중에는 총을 소지하고 있으니
큰 사건이 될 수도 있었다. 못 찾으면 나도 군 재판에 회부 될 상황이

었다. 보통 남한산성으로 불리던 군의 감옥은 당시 엄청난 두려움의 대상이었다. 군에서 형을 살고 사회에 나가면 정상적인 사회생활은 기대할 수 없었다.

이미 발생한 이 사태를 어떻게 해야 할지 잠시 고민했다. 사라진 대원과 같은 조 근무자의 말에 의하면 조금 전까지 같이 있었고 자신이 잠깐 조는 사이 없어졌다고 했다. 그 말은 의도적인 이탈일 가능성이 큰 상황이었다. 상황이 굳어지는 것 같아 시급히 상부에 보고하려다가 한 번 더 찾아보자는 생각이 들어 인근 초소를 수색하기로 했다.

마침 인근에 빈 초소가 있었다. 조심스럽게 초소를 수색하는데 초소 입구의 벽에 기대어 졸고 있는 대원을 발견했다. 초소 입구 각도가 밖에서는 잘 보이지 않는 탓에 수색 중 보이지 않았으나 재수색 과정에서 찾은 것이었다. 참으로 허무하고 만감이 교차하는 시간이었다. 찾아서 다행이었지만 반갑기도 하고 원망스럽기도 했다. 전 부대원이 고생한 것을 생각하면 총으로 쏠 만큼 격한 심정이었으나 대동해 막사로 돌아와 훈계하는 것으로 상황을 종료한 사건도 있었다.

남쪽 지방에서 태어나 남쪽에서만 살았던 나는 입대 전 막연하게 눈 내리는 밤을 상상하고 하얀 눈이 쌓이는 절경과 낭만을 그리워했다. 그러나 현실에서 마주한 군 생활은 낭만과는 거리가 멀었다. 쌓인 눈은 그리움이 아니라 어려움이 있다.

겨울이 다가왔고 첫눈이 왔다. 눈이 쌓이는 것을 제대로 보지 못했던 나는 온 세상이 하얗게 변한 풍경을 황홀하게 바라보았다. 그러니 즐거운 눈요기는 하루 이틀. 눈이 오면 밤이 새도록 해야 하는 제설작업은 이루 말할 수 없는 고통이었다. 군의 도로는 유사시에 대비하기 위해 항상 정비되어 있어야 해서 눈이 오는 중에도 제설작업이 진행된다. 제설작업을 시작해서 돌아오면 다시 눈은 쌓여있고, 또 돌아서 작업을 하면 금방 또다시 쌓인다. 한겨울 내내 지겹도록 내리고 또 내리는 눈 덕분에 전방의 겨울은 원망스러운 계절이다.

지금도 마찬가지겠지만 전방은 하루하루가 긴장의 연속이다. 그리고 전방의 겨울은 상상을 초월할 정도로 춥다. 특히 산 정상의 추위는 아는 사람만 아는 고통이다. 철책 야간 근무자들은 넘어지면 못 일어날 정도로 옷을 15가지 정도 입는다.

전방의 긴 겨울은 괴롭지만 봄이 오고 여름이 오면 비무장 지대의 멋있는 절경이 보이기 시작한다. 아침, 비무장 지대에서 만나는 산은 바다 가운데 섬처럼 운무에 갇혀서 보이는 평화로운 절경이 펼쳐진다. 우리 민족은 왜 이리 나뉘어져서 민족끼리 총부리를 맞대고 서로 죽이려고 하는지, 자연은 저렇게 평화를 갈망하는데 평화로운 절경은 분단의 대치 상태를 꾸짖는 것 같았다.

아 대한민국, 아름다운 우리 조국 소중한 우리 강산에는 언제 진정한 평화가 찾아올 것인지? 철책 근무 이후 수십 년이 지난 지금도 누구의 아들들은 전방 철책의 수많은 초소에서 추위에 떨며, 조국과 국민의 안전을 위해 나라를 지키고 있다는 사실을 잊지 않고 있다. 언제일지 모르지만 평화 통일되는 그날까지 필연적으로 나라를 지키는 군인 있다는 사실을 국민은 항상 잊지 말아야 한다.

군 생활의 이야기가 길어졌다. 입대 후 일 년간의 철책 근무를 마치고 후방으로 근무지가 교대되었다. 그러나 각종 훈련이 하도 많아 철책 근무보다 오히려 더 힘들었던 시간이었다. 거의 격주로 40km 정도 1박 2일 야간행군을 하고, 특공훈련에 각종 측정으로 힘들기는 매한가지였다.

그나마 위안이 되었던 것은 장교라 BOQ(장교 숙소)에서 생활하며 근무가 끝나면 인근 마을에 가서 술도 자주 먹고 당구도 치고 차와 식사를 하며 자유롭게 생활할 수 있었다는 점이다.

그 시절 아직도 잊지 못하는 이야기가 있다. 야외훈련 도중에 한 병사가 우리 소대로 전입했다. 소대 복귀 후 얼마 지나지 않아서 일어나서는 안 되는 일이 발생했다. 그때는 아침 식사로 우유와 빵 두 개, 달걀 하나가 제공되었다. 독립중대라 소대장실(약 두 평 정도)이 소대 막사와 같이 있었고 운동복 차림으로 아침 식사 중에 빵 한 개를 먹었는데 갑자기 용변이 보고 싶었다.

식사 중에 화장실에 가며 만난 선임하사가 출근하면서 "오늘 아침은 영 기분이 안 좋다."고 중얼거리는 소리가 들렸다. 왜 그러냐고 물으니 "오토바이로 출근하던 중 근처에서 작은 돌에 바퀴가 걸렸는데 오토바이 핸들이 부러졌다."라며 고개를 갸우뚱거렸다.

"고치면 되지요." 하고 소변을 보고 소대 막사로 들어오는데 한 병사가 울면서 뛰어나왔다. "큰 사고가 났다."라고 하며 응급 헬기를 부르기 위해 당직실로 요청하러 가는 상황이었다. 얼마 전 전입한 병사가 총기로 자살한 사건이었다.

화급히 현장으로 달려가 보니, 자신의 총에 맞은 병사가 "왜 이리 빨리 죽지 않느냐."고 혼자 되뇌고 있었다. 이미 엎질러진 물이고 빨리 구조요청을 하는 것 외에 더 이상 어찌 처리할 방법도 없었다. 한 30여 분이 지나니 지프차가 5~6대 들어오고 헬기 탑승을 위해 옮기는 도중에 그 병사는 절명했다.

후에 상황을 복기해 보니 내가 화장실에 가고, 내무반에서 소대장실 벽에 기대어서 방아쇠를 당긴 것이었다. 만약 화장실에 가지 않았다면 나도 유탄에 어찌 되었을지 모르는 아찔한 상황이었다. 스스로 목숨을 끊어 유명을 달리한 병사는 관물대에 유서를 두 장 남겨 놓았다. 타 근무지(수색대)에서 적응을 잘 못해 후방으로 전입된 그 병사는 입대 전에 이야기할 수 없는 복잡한 가정사가 있었던 것으로 확인되었다. 그날의 사건은 야간 당직사관이 처벌받는 것으로 종결되었다.

아주 짧은 기간이었지만 내 휘하에 있던 그를 내가 좀 더 세심히 잘 보살폈다면 사전 예방 방법이 없었을까? 자책하며 명복을 빌었다. 수십 년이 지났지만 지금이라도 지면을 통해 다시 명복을 비는 것이 살아 있는 자의 도리라 생각하고 이번 기회에 좋은 곳에서 잘 지내기를 바라는 마음으로 회상하며 다시 한번 더 명복을 빈다.

제2장

휴게소를 만나다

용감한 신입 사원

　군을 제대하고 입사한 곳은 한국도로공사였다. 군 제대가 임박한 무렵 야외훈련 중에 텐트 안에서 입사원서 30여 장을 우편으로 접수했다. 그중에 여러 곳에 합격했지만 제일 안정적인 공기업으로 입사를 결정했다.
　필기시험 합격 후 면접을 보았다. 면접번호는 1번이었다. 면접번호 1번은 보통 합격한다는 통설이 있었다. 그래서인지 몰라도 면접을 쉽게 보았고, 합격통지를 받았고, 입사하기로 결심했다. 그때는 지금과는 달리 사회 경제적으로 성장하던 시기라 많은 인력이 사회적으로 필요했고 비교적 어떤 회사든 들어가기 어렵지 않던 시기였다.
　연수를 마치고 처음 부임한 곳이 마산 지역의 도관이었다. 도관은 도로관리소의 줄임말이고 지금은 지사로 불리고 있다. 신입 사원으로 출근하던 나는 선배 사원과 상급자들의 가르침을 받으며 직장생활을 시작했다. 서무라는 직책이었는데 업무 중에 휴게소 관리업무도 포함되어 있었다. 내가 오래도록 담당하게 된 휴게소 관리업무를 처음부터 시작한 셈이다.

한 1년 남짓 근무한 시점에 바로 위의 과장님이 발령이 나고 새로 과장님이 부임하셨다. 회식하는 날이었다. 다른 직원들은 다 1차에서 끝나고 새로 부임한 과장님과 나는 2차를 가게 되었다. 조금 허름한 낡은 맥줏집이었다.

여성들도 있는 집이었다. 지금으로 치면 '룸바' 비슷한 곳인데 그리 비싼 곳은 아니었다. 과장님은 취했는지 계속 욕설을 하며 여성들을 비하하는 말을 했다. 몇 번을 제지하던 내가 "에이 쉬벌" 하면서 술잔을 벽에 던져 깨며 술자리가 끝났다.

어떤 용기로 그랬는지 모르겠으나 다음날 출근을 해야 하는데 겁이 났다. 잘못했다고 용서를 빌어볼까? 무거운 마음으로 고민하며 출근했는데 과장님은 아무 말도 하지 않았다. 혹시 술에 취해 기억하지 못하지 않을까? 기대하는 마음도 있었고, 다행이라는 생각에 안도의 한숨을 쉬었다.

그 뒤로 한 2년 시간이 흘렀다. 과장님은 본사로 발령받아 서울로 떠났다. 본사로 간 과장님으로부터 연락이 왔다. "본사에 자리가 있으니 오겠느냐."고 내 의견을 타진하는 것이다. 그때는 결혼 전이라 어디에서 근무하든 아무런 걸림돌이 없어 바로 가겠다는 답을 보냈고, 얼마 후 나는 본사로 발령이 났다.

본사로 출근해 받은 첫 보직은 전국 휴게소 관리를 담당하는 '시설

영업부'였다. 본사 업무는 생각보다 고달팠다. 그 당시에는 너무 일이 많았고 업무에 적응하느라 고생도 했다. 그 시절 나를 제일 괴롭힌 것은 복사기였다. 본사 전체에 복사기가 단 한 대밖에 없었다. 모든 부서에서 복사하느라 늘 줄이 길었다. 언제나 긴 시간을 기다려야 복사를 할 수 있었다.

누구나 한참을 기다리는 것이 보통이었는데 바쁘다는 핑계를 대며 새치기 하는 일이 빈번하게 일어났다. 복사가 밀려 매일 10시 11시에 퇴근하는 것이 일상이었다. 그때는 지금처럼 지하철이 늦게까지 운행하던 시절이 아니어서 교통이 불편했고, 버스도 자주 없어서 집에 돌아가는 것이 여간 불편한 것이 아니었다. 판교에서 사당동으로 가는 것은 버스를 몇 번 갈아 타야 했다. 비포장도로에 특히 겨울철은 발이 시렸다.

일이 많을 뿐 아니라 부서의 부장님은 크게 잘못한 것 없는 나를 혼내기 일쑤였다. 보통 한 시간 이상을 서서 꾸지람 듣는 일도 한두 번이 아니었다. 힘든 시간이었지만 기안 실력이 좋았던 과장님에게 일을 배우는 것을 위안 삼아 참아냈다.

한번은 서울 시내의 모처를 방문해 자료를 구하는 일이 있었다. 차가 별로 없던 시절이라 휴게소 운영회사에서 차를 지원받아 과장님과 몇 곳을 방문해 자료를 어렵게 구했다. 비슷한 나이 또래의 직원이 운전을 해주었고, 마침 그날은 금요일이었다. 일도 잘 끝냈고 기분 좋게 지금의 사당역 인근 포장마차에서 소주를 마셨다.

새벽에 잠이 깼는데 나는 아파트 계단에서 구부리고 자고 있었다.

집에 어떻게 돌아왔는지 기억이 나지 않았다. 아파트에 방 하나를 세 들어 혼자 살았다. 술 먹은 정신에도 너무 늦어서 벨을 누르지 못하고 잠이 든 것 같았다. 그런데 문제는 어제 받았던 자료가 들어있는 손가방을 잃어버린 것이었다. 아차차! 큰일이었다. 다음날 출근하니 자료를 달라고 하는데 깜박 잊고 집에 두고 왔다는 변명을 하고는 다시 자료를 받아 제출했다. 10여 년 동안 그 사실을 숨기다가 나중에 이실직고한 사례도 있다.

얼마 후 결혼했고 신혼 시절은 사당동 단칸방에서 시작했다. 그 시절의 에피소드도 적지 않다. 낮에 집에 도둑이 들었다. 결혼 패물과 세간살이를 잃어버렸다는 연락을 받았지만 일찍 집에 가지 못했다. 그 시절은 모두 그렇게 직장생활을 했다. 나보다 우리가 중했던 시절이었다.

아이가 옥상에서 놀다가 떨어져서 다쳤다는 연락을 받은 적도 있다. 국정감사 날이라 가보지 못했다. 이일은 두고두고 아내로부터 많은 질타를 받은 사건이다. 놀면서 무관심했던 것은 아니지만 지나고 보니 매우 미안할 따름이다. 어떤 일보다도 직장이 우선이라는 사명감이랄까, 내가 일찍 간들 무슨 도움이 되겠나 하는 자기 합리화가 없었다고는 할 수 없다. 이제라도 "그땐 미안했다."라는 말을 꼭 하고 싶다.

도둑이 들고 난 후 한 6개월이 지나서 오산경찰서에서 연락이 왔다. 현행범을 체포했는데, 내 가계수표를 가지고 있으니 와서 확인해 달라고 했다. 영등포역에서 주웠다고 주장 하는데 믿을 수 없지만 한 장도 못 쓰고 들고 있다고 했다.

오산경찰서에 가보니 장당 30만 원 한도이던 내 가계수표에는 장마다 29만 9천 원을 지급액으로 써놓고 한 장도 사용하지 못한 채 외부 표지가 너덜너덜 낡은 상태였다. 현행범으로 잡힌 도적은 전과 5범 이상으로 수감 되면 보호 감호소에 가야 하는 실정이었다.

잃어버린 세간살이는 포기하고 가계수표만 받아서 폐기한 일이 있다. 그 시절은 집마다 절도 당하는 일이 빈번했다. 좀도둑이 성행하고 소매치기가 대중교통을 이용하는 사람들의 지갑을 터는 일이 이상한 일이 아니던 시절의 에피소드다.

배대리와 휴게소 업무

신입 사원으로 입사한 지 2년 만에 대리가 되었고, 나는 여전히 휴게소 담당 업무를 맡았다. 그때 휴게소 담당 업무는 누구나 기피 하던 업무였다. 휴게소 시설은 낡았고, 불친절하고, 음식은 비싸고, 맛이 없으며, 화장실은 불결하다고 수시로 언론에서 질타받는 곳이었다.

국정감사나 감사원 감사 때마다 휴게소가 집중적으로 지적을 받는 상황이었다. 가끔은 사법기관의 조사도 받으니 휴게소 업무는 골치 아픈 어려움의 연속이었다. 그러니 누구도 자진해서 근무하려는 사람이 없었다. 신입 사원 초기부터 맡아온 휴게소 업무는 자연스럽게 내 차지가 되어 있었다.

바보처럼 일하던 그때, 지금 휴게소 운영의 근간이 된 휴게소 임대요율 일원화 제도가 처음 도입되었다. 휴게소 초기에는 민자 5%, 재정 8%이던 임대 요율을 매출 규모에 따라 0.53%에서 15.34%까지 부과하는 방식이 도입되었다.

민간 운영사들이 운영하던 휴게소의 상당수를 반납받았다. 운영 시설 절반은 자율적으로 반납 받고, 일부는 직접 휴게소를 신설했다. 휴게소 관리 전문 자회사 '시설관리공단'을 만들어 체계적으로 직접 운영할 수 있는 회사를 만들었다. 전문성을 배양할 수 있도록 하는 등 제도 개선을 많이 추진한 시기였다.

또한 지금은 간식류가 다양해져서 우동 매출이 많이 줄어들었으나 그때는 우동 매출이 많았는데, 직접 건면을 끓여서 팔던 방식을 위생적으로 공장에서 면을 제조해 휴게소에서는 지금처럼 물에 데쳐서 주는 방식으로 전환한 것도 그때 1980년대 초의 일이다.

그때는 명절이나 휴가철이 되면 교통량이 평소의 두세 배 이상 늘었다. 규모가 적었던 휴게소는 북새통을 이루고 주차장은 쓰레기가 즐비해 처리할 방법이 없던 시절이다. 얼마나 화장실이 부족했던지 밤이 지나면 일부 휴게소 주위 산에 생리현상을 해결하며 사용한 휴지가 산을 뒤덮을 정도였다. 지금은 상상할 수도 없는 일이다.

그래서 영동선의 모 휴게소는 휴게소장이 여름 한 철을 버티지 못하고 사직하는 경우가 허다했다. 화장실 오수처리 문제, 휴게소 주위 노점상 관리 등을 처리해야 했던 휴게소 소장은 '극한 직업'이었다. 과도한 업무와 민원으로 오래 근무한 휴게소장은 '참 대단한 분이다'라는 말을 들었다. 대한민국 휴게소는 그런 과정을 겪으면서 지금 세계 최고를 자랑하는 휴게소로 발전했다. 특히 호텔 수준으로 개선된 한국 휴게소 화장실은 세계가 인정하는 문화시설이 되었으니 격세

지감을 느낀다.

그렇게 6년을 부장님을 포함한 6명이 근무하던 시설영업부에서 대리로 휴게소 업무를 담당한 후 강원도 속초의 도로공사 속초연수원으로 전근하게 되었다. 연수원 발령은 승진 시험을 봐야 하던 나에게는 단비 같은 사건이었다. 과도한 휴게소 업무로 시험 준비를 전혀 할 수 없어 이미 한 번의 고배를 마신 터였다.

속초의 연수원 생활은 너무도 편했다. 연수원이라 하계 휴가철에는 일이 제법 많아 바빴지만 다른 계절은 업무도 그리 많지 않았다. 도로공사 입사 후 처음으로 편안한 마음으로 근무할 수 있었다. 그러나 차장 진급을 앞두고 있던 나는 업무량이 많지 않다고 해서 마냥 여유를 누릴 수만은 없었다.

차장 진급 시험은 녹녹하지 않아서 그때가 되면 모두 고시 공부하듯 죽도록 공부해야 하는 시기였다. 시험과목도 워낙 많아서 책이 한 리어커 정도가 족히 되었다. 차장 진급 시험 통과는 도로공사에서 지금까지 경험한 업무를 바탕으로 뜻을 펼칠 기회가 주어지기는 매우 중요한 통로였다. 차장 진급은 회사에서 정년까지 역할을 제대로 하고 마무리할 수 있는 관문이었다.

속초에 부임한 첫해에 시험이 있었다. 준비한다고 했는데 보기 좋게 낙방했다. 쓴맛을 두 번이나 보았다. 본사 근무 당시 많은 업무에 준비를 제대로 하지 못하고 치른 차장 진급 시험에서 이미 한번 낙방의 고배를 마신 경험이 있었다. 시험에 낙방하고 의기소침한 상태였던 그때, 연수원 전체 회식이 있었다.

회식을 마치고 모두 함께 버스를 타고 사무실로 돌아오는 길이었다. 연수원 원장님께서 하시는 말씀이 내 귀에 들렸다. "배 대리는 시험에 두 번 떨어졌으니 이제 다시 도전하는 것은 불가능하고, 제 역할을 하기 어려운 쓸모없는 사람이다." 아마 내가 같이 버스에 탑승한 사실을 모르고 하는 것 같았다. 연수원에 도착해 버스에서 내렸지만 그 말이 귓속을 맴돌며 사라지지 않았다.

숙소에 돌아와도 마음이 진정되지 않았다. 생각에 생각이 꼬리를 물고 일어났다. 숙소를 나와 무작정 걸어 동명항 근처 '영금정'에 올랐다. 탁 트인 바닷가 절벽 위의 영금정은 바람이 많고, 파도가 거세고, 물보라가 세차게 일고 있었다. 삼키던 눈물이 흘러나왔다. 얼마를 울었는지 다행히 영금정의 세찬 바람과 파도 소리가 내 울음소리를 삼켜 주었다.

그 자리에서 결심하며 나에게 말했다. "다시 한번 도전하자. 떨어지면 도로공사도 그만두어야 할 것이고 내 인생은 끝이다. 꼭 시험에 붙어서 원장님의 생각이 틀렸다는 걸 보여주자. 내가 잘되는 것이 가장 큰 복수다." 마음에 각오를 단단히 다졌다. 마음속 울분의 크기만큼 단단해진 내 각오에 "반드시 이기고 돌아오라."라고 일렁이는 파도가 물보라로 답했다.

정말로 내가 태어나서 그렇게 열심히 공부해 본 적이 없었을 만큼 열심히 공부했다. 아마 고등학교 때 그렇게 열심히 했으면 서울의 일류대학도 충분히 갔을 것이다. 죽기를 각오하고 열심히 했다. 논술시험은 사전 예상 질문지를 만들어서 천 번은 더 쓰고 암기했고, 상식과 국민윤리 문항은 우리나라에서 발간된 책은 다 몇 번씩이나 읽었다. 규정은 토씨 하나하나에도 신경을 쓰며 수없이 되풀이하며 독파했고, 전공과목(회계학, 경제학 등)도 열심히 했다.

시험 일자가 다가왔다. 서울에 가야 하는 시기에 갑자기 둘째 아이가 아팠다. 속초에서 치료가 안 되어 강릉에 있는 큰 병원에 가서 진료받았다. 어린것은 얼마나 아픈지 마구 울었댔고, 소리 내어 울 수 없던 나는 마음속으로 같이 울었던 기억이 지금도 선하다. 병원에 입원해 있는 아픈 아이를 뒤로하고 시험을 보기 위해 서울로 떠났다.

서울 본사에서 함께 근무했던 옛 동료들을 만났다. 동료들의 공부 수준을 파악해 보니 제법 자신이 생겼다. 시험을 마치고 속초로 돌아왔다. 얼마 후 시험 결과가 나왔다. 예상대로 시험에 합격했다. 세상천지를 다 얻은 기분이었다. 연수원 원장님께 하려고 한 복수는 차장으로 승진해 본사로 발령받는 것으로 마무리되었다.

돌이켜 생각해 보면 그때의 독설이 내게는 약이 되었다. 그때 원장님의 독설은 내가 결기를 갖도록 도와준 약이었다. 2년 정도 함께 근무한 연수원 직원들과 정이 많이 들어서 헤어짐의 서운함에 눈물을 훔치는 여직원들도 있었다. 나도 헤어지기가 아쉬웠지만 본사로 돌아가 주어진 업무에 열중할 수밖에 없었다.

연수원 근무 중에 아찔한 기억이 하나 있다. 매서운 추위속 한겨울이었다. 직원 회식이 있던 날 밤이다. 연수원 부원장님이 미시령 정상에 가서 소주 한잔 더하자고 제안하셨다. 12시가 다 된 늦은 밤, 나와 부원장님 둘이 미시령으로 갔다.

그날은 눈이 많이 내렸다. 보통 미시령은 눈이 오면 교통을 차단하는데 우리는 이 늦은 시간에 누가 차단을 하겠느냐. 아마 모두 철수했을 것이라며 호기롭게 미시령을 찾았다. 예상대로 미시령에는 우리를 제지하는 어떤 것도 없었다. 미끄러운 눈길 속 그것도 술에 취한 부원장님이 운전하고 눈 쌓인 정상을 향해 나아가 마침내 정상에 도착했다.

그러나 세찬 눈보라가 몰아치고 날씨는 얼마나 추운지 소주 한잔을 먹으려는데 도저히 먹을 수가 없었다. 딱 한 잔을 마시고 다시 내려왔다. 다음날 생각해 보니 살아 돌아온 것이 천지신명께서 보살핀 덕분이라는 생각이 들었다. 마음속으로 감사하고 감사하다고 기도했던 기억이 있다.

낫과 곡갱이 그리고 포크레인

눈물로 어렵게 얻은 차장 시절의 첫 부임지는 '수도권사업단'이었다. 현재 수도권 주민들이 상당한 교통 편익을 얻고 있는 수도권 고속도로 건설 사업을 담당하는 기관이다. 나는 고속도로 편입 용지를 매수하는 '용지 차장'이었다. 그 당시 매수한 용지는 구리 퇴계원 구간, 김포대교 인근 구간, 영동선 확장 구간, 양재 한남대교 확장 구간이었다.

아무래도 편입 용지 소유자들은 많은 금액의 보상을 요구하고 도로공사는 공정한 절차에 따라 평가해 합리적으로 정당한 보상을 해야 해서 용지 보상협의는 쉽지 않았다. 공사 기간에 맞추어 부지를 확보해야 하기에 협의 보상이 안 되면 바로 토지 수용 재결신청을 한다. 재결을 받기 위해서는 적게는 6개월 많게는 1년 이상 소요되는 경우도 있어서 적기에 토지를 확보하기 위해서는 엄청난 노력이 필요했다.

토지 매수 협의 보상을 위해 부지소유자 집을 수시로 방문해 설득하고 농번기에는 논에 가서 같이 모내기도 하면서 인간적 신뢰성을 쌓고, 소유자의 입장에서 생각하고 설득하며 노력하다 보면 보상 협의가 어려울 것 같던 용지도 협의 보상이 되는 경우가 많았다.

오랫동안 기억에 남은 사례가 있다. 구리지역의 배 밭이 도저히 협의 보상이 불가해 대금을 법원에 공탁하고 강제집행을 하는 날 이었다. 비가 부슬부슬 오고 있었다. 불편한 마음으로 포크레인을 사용해 배 밭을 밀고 있는데 소유자 부부가 낫과 곡괭이를 들고 뛰어오는 것이었다.

일단은 자리를 피해 조금 떨어져서 지켜보았다. 포크레인 기사에게 화를 내던 부부가 그 자리에 털썩 주저앉아 낙담하며 오열하는 모습을 보자니 공익을 위해서 할 수밖에 없는 일이지만 마음이 아팠다. 보상을 협의하며 사정을 들으며 더 마음이 무거웠다. 보상금을 수령하면 은행 대출금을 변제하고 개인부채를 해결하고 나면 남는 돈이 없어 향후의 생활이 어렵다는 것이었다.

부부의 사정을 듣고 나서 도움을 주고 싶지만 달리 방법이 없었다. 설치 노선을 반대한다며 사무실에 난입해 오물을 뿌렸던 배 밭 소유주의 심정이 이해되었다. 얼마나 막막했으면 그랬을까! 오물 투척 점거가 있을 때 며칠을 함께 지내며 막걸리를 먹으며 그분의 이야기를 들어주었던 기억도 있다.

평생을 바쳐 일군 배 밭이었을 것이다. 공익과 개인 소유 재산권의 충돌, 서로가 어디까지 양보해야 하는지 경계가 불분명한 명제다.

그 부부의 슬픔에 빠진 처량한 모습이 지금도 눈에 서린다. 주어진 임무였지만 죄송했다는 마음을 전한다. 그때는 빨리 그 용지를 해결해야만 도로 개통 시기를 맞출 수 있어 조속히 집행할 수밖에 없는 상황이었다.

당시 수도권사업단 단장으로부터 "배나무밭이 해결이 안 되어 공사에 차질이 생기고 있으니 조속 해결하라."라고 압박을 받아 힘들기도 했다. 무사히 도로가 완공되고 지금은 많은 사람이 그 도로를 편리하게 이용하고 있다. 지난 일이지만 요즈음 수도권 제1순환선 교통량을 보며 만일 그때 고속도로를 안 만들었으면 지금 과연 어떻게 되었을까? 회상해 본다.

"휴게소를 폭파하니, 현금을 준비하세요"

휴게소를 폭파한다는 황당한 협박 사건이 일어났다. 1990년 초반 휴게소 운영업체에서 본사로 한 통의 전화가 걸려 왔다. '휴게소를 폭파 하겠다'라는 협박 전화가 왔다는 것이다.

협박 전화는 "잘 들으시오. 휴게소에 폭발물을 설치했으니 당장 현금 2억을 준비해서 오지 않으면 폭파하겠소. 많은 사람이 이용하는 시설이니 피해가 클 것이고, 경찰에 신고하면 바로 폭파해 버리겠소."라는 내용이었다.

도로공사에서는 긴급회의가 소집되었다. 회의 후 바로 경찰에 신고하고 다시 전화가 오기를 기다렸다. 동시에 경찰은 지목한 휴게소를 대대적으로 수색하고 이용객을 대피시키는 등 안전조치를 이행하고 있었디. 긴장 속에서 시간이 흘러갔다. 3시간 후에 다시 전화가 걸려 왔다.

　자신은 군 공병대 출신으로 사제 폭발물을 만들어 설치해 두었는데 멀리서 무선 조작으로 폭발하는 장치를 하였기에 잡을 생각은 하지 말고 현금이 준비되었는지 확인하는 것이었다. 그 당시 휴게소는 지금처럼 카드 사용이 많지 않고 현금거래가 많았다.

　전화를 받은 휴게소에서는 "준비되었으니 어떻게 하면 되겠느냐."라고 대응했다.

　경찰에서 준비한 전화기 위치 추적이 시행되었다. '위치를 찾고 있으니 시간을 끌어달라'는 경찰의 사인을 받은 휴게소에서는 "어디로 어떤 옷을 입고 가면 되냐? 어떤 사람을 찾아야 하느냐?" 시간을 끌기 위해 여러 가지 질문을 하면서 시간을 벌었다. 잠시 시간이 흐르고, 경찰은 "위치를 찾았다며 근처 지구대가 출동하였으니 더 시간을 끌어달라."고 사인을 주었다.

　휴게소는 "시간이 급해 본사에서 준비한 돈이 1억 정도밖에 안 된다. 가다가 우리 회사가 운영하는 다른 휴게소에서 들려 돈을 더 받아서 가지고 가야 하니 조금 더 기다려 달라. 지금 다른 휴게소에 자금이 준비되었는지 확인하였는데. 마침 은행에서 자금 수거를 아직 안 해서 요구한 금액은 다 준비할 수 있다."는 대화를 주고받았다.

　휴게소는 한술 더 떠서 "우리도 이런 사건이 세상에 알려지면 휴게소 계속 운영에 문제가 생기므로 되도록 조용히 모르게 처리하려고 한다."라며 폭파범을 안심시키려고 노력했다. 폭파범은 이해가 되었는지 보채지 않고 기다려 주었다. 시간을 번 경찰은 강원도 동해안 지역의 공중전화 위치를 파악해 범인을 체포했다.

경찰이 조사해 보니 폭발물 설치는 없었고 "살기가 힘들고 휴게소에 가보니 현금거래를 많이 하고, 은행 수금을 위해 경리가 돈뭉치를 들고 다니는 것을 보고 거짓말을 했다."라고 실토했다.

그 사건 이후로 휴게소에서 은행 수금 시에 돈뭉치가 일반고객에게 보이지 않도록 하는 방안이 실시되었다. 지금은 대부분 신용카드로 휴게소를 이용하니 이런 불상사는 일어날 가능성이 적어졌다. 하지만 휴게소는 사회적 관심이 크고 수많은 사람이 이용하는 곳이라서 위생과 안전에 대한 다양한 위험이 존재하는 곳이다. 휴게소에서는 항상 사람과 차량 등의 안전에 만전을 기해야 한다.

팔뚝만한 김밥 사건

수도권사업단에서 2년 정도 근무한 후에 다시 본사 휴게시설을 담당하는 부서의 휴게소 운영 담당 차장으로 부임했다. 1995년경이다. 대리 시절에 6년을 근무한 경험이 있어, 업무상 큰 어려움은 없었다. 그러나 민원은 여전히 많았고, 민원 해결은 휴게소 담당자의 가장 큰 업무였다.

휴게소 이용객들의 가장 큰 관심은 먹거리다. 김밥을 휴게소에 판매하도록 승인해 준 사례가 있다. 그때까지만 해도 휴게소 판매 상품은 모두 비싸거나 부실하게 휴게소 임의로 판매하지 못하도록 도공에서 건건이 승인을 얻도록 하고 있었다. 현장에 지도, 점검을 나갔는데 이건 내가 볼 때 사람이 먹을 수 있는 제품이 아니었다. 굵기는 팔뚝만 한데 들어있는 내용물은 형편없었다. 이유를 물어

보니 정해진 중량을 이행하려고 그렇게 크게 만들어 판매한다는 것이다. 중량을 맞추면서 재료비를 최대한 줄이기 위해 만들어 낸 작품이었다. 사무실에 돌아와 책상에 앉아 곰곰이 생각했다. "이건 아니다. 이건 아니다." 하는 생각이 들었다.

'음식의 품질과 가격을 통제해 민원을 사전에 방지한다'라는 것은 불가능하다는 생각이 들었다. 판매자의 적정한 이윤을 보장해 주어야 고객에게 만족스러운 상품이 제공된다고 생각했다. 이후 고속도로 휴게소의 모든 상품은 그런 맥락에서 가격이 책정되고 제공될 수 있도록 노력하는 계기가 되었다.

또 기억에 남은 사례를 하나 소개한다. 우동을 승인하는데, 이 우동은 실온 보관 시에도 유효기간이 일반 우동에 비해 2배 이상 길다는 것이다. 특별한 방법으로 만들어지기 때문에 특성이 있다는 것이라 해 그때 상급자와 확인해 보기로 했다. 책상에 두었는데 2주가 지나도록 변하지 않았다. 방부제를 넣지 않았을까? 하는 의심이 들었지만 '참 특이한 우동이다'라는 생각이 든 사건도 있었다.

5~6년 전에 알게된 사실이다. 썩지 않는 우동을 만든 그 기업은 20여 년간 몇 트럭의 밀가루를 재료로 소비하면서 연구하여 '세상을 이롭게 하는 면'이라는 뜻의 '세이면'을 탄생시켰다. 미국 FDA 승인을 받은 '세이면'은 상온 유통기한이 6개월이나 되는 특이한 '생소면'이다. 기름에 튀긴 라면은 시간이 경과하면서 산성화가 진행되지만 '세이면'은 간편 생면으로 뜨거운 물만 부으면 바로 먹을 수 있어 국내 편의점은 물론 해외에서도 각광받는 제품이다.

센스가 부족한 나

어느 날 아침 출근했는데, 분위기가 심상찮게 흐르고 있었다. 처장실에 손님 두 분이 와 있고 상품 승인 서류를 보고 있었다. 알고 보니 검찰청의 중앙수사부에서 나온 것이었다. 청와대의 하명 수사만 한다는 설이 있을 정도로 엄청 무서운 조직으로 알고 있는 터라 걱정이 되었다.

그분들은 가면서 내용을 잘 모르겠으니, 오후에 서류를 가지고 와서 설명을 좀 해달라며 돌아갔다. 부장님과 처장님이 설명하러 검찰에 간 후 밤이 늦도록 기다렸지만 연락이 없었다. 걱정되어 이리저리 확인해 보니 오늘 조사받고 나오지 못하면 보통 구속이 된다고 했다.

아무리 곰곰이 생각해 보아도 상품 승인 관련해 잘못한 일은 없는 것 같았지만 검찰에 가신 두 분이 돌아오지 않으니 걱정이 컸다. 하루가 지나고 오후가 되어서야 두 분이 돌아왔다. 조사 내용은 오징어

납품 건이었다. 그 당시는 휴게소에서 맥주를 팔았고, 안주로 오징어가 많이 팔리던 시절이었다.

그 회사의 영업부장이 휴게소의 오징어 판매 대금을 회사에 입금하지 않고 횡령하여 도망갔는데, 잡고 보니 횡령 금액을 엉뚱한 곳에 다 낭비하고는 "휴게소 관련 부서 직원들에게 주었다."라는 거짓 진술 때문에 일어난 일이었다.

오징어 판매를 승인해 줄 당시에 내가 직접 오징어를 축으로 가져와, 한 마리씩 포장하는 것을 확인했고, 소분 장소는 장애인 관련 시설에서 작업하고 있는 것을 확인했다.

사회적 약자를 돌보는 교회에서 운영하는 사회적기업이어서 매출이 많도록 홍보해 주고 지원해 준 것 외에는 잘못한 것이 없었다. 승인 신청 당시, 운영 주체인 교회 목사님이 다리에 장애가 있어 영업부장이 업고 도공을 방문한 기억도 있었다. 다행히 우리는 특별한 문제가 없고 잘 지원해 준 것이 확인되어 순조롭게 마무리되었다.

감사원 감사 중이었다. 갑자기 현장에 확인이 필요하다며 영동선 모 휴게소에 가자는 것이었다. 사전에 무슨 정보가 있었는지 매출을 확인하는 것이었다. 그때는 지금처럼 카드 사용이 활성화되지 않아 현금매출이 많았고 매출 누락에 대한 문제가 늘고 있었다. 매출 보고 사항과 장부와 재고 과익 등을 히고 있는데, 휴게소의 대표가 감사관님과 차를 마시자고 했다.

차를 마시는 접견실에는 도자기가 여러 점 전시되어 있었다. 이런저린 이야기하던 중, 접견실의 도자기는 여사님한테 선물 받은 건데

가실 때 한 점을 감사관님께 주겠다고 했다. 휴게소 대표와 만남이 있고 감사는 흐지부지 끝이 나고 돌아왔다.

감사가 쉽게 끝난 것은 아마 아무 문제가 없어서 돌아가자 했을 수도 있고, 그때 당시 여사님으로 칭하면 보통 청와대 안주인으로 통하고 있어 그랬는지 알 수 없었던 사례도 있다. 그러나 당시 휴게소 운영권을 받을 정도면 아무나 줄 때가 아니었으니 감사가 유야무야된 것은 아마도 후자였을 거라고 돌아오면서 혼자 생각했다.

국회에서 한 사람을 어디에 무슨 일이라도 좋으니 일할 수 있게 해주면 좋겠다는 부탁이 들어왔다. 지역적으로 가까운 주유소에 일자리를 구해주고 잘하고 있겠거니 하면서 별로 관심 없이 지냈다. 몇 개월 지나고 갑자기 국회에서 연락이 와서 빨리 들어오라고 했다. 무슨 일인가 마음이 쓰였다.

사실을 파악해 보니 주유소에 주유원으로 일하게 했던 사람이 2일 후에 그냥 갔다는 것이다. 무엇인가 크게 잘못되었구나. 문제가 되면 어쩌나 긴장하고 점심시간 시작 20분 전에 도착했다. 혼이 나더라도 점심시간 전에 잠깐으로 끝내려는 속셈이었다.

의원회관에 도착하니 보좌관이 큰소리로 호통을 쳤다. "취업을 청탁한 사람은 의원님의 친 처남이다. 주유원은 누구나 희망하면 할 수 있는 일인데 왜 그런 곳에 알선했냐. 그곳에 가려고 부탁했겠느냐."라는 말이었다.

당초에 어떤 일을 해야 한다는 요청도 없었고, 관리자로 취직을 부탁한다는 연락도 없었다. 또 얼마나 가까운 관계인지도 몰랐다. 아무 곳이나 어떤 일이나 자리를 알아봐 달라고는 했지만 알아서 해줄 것을 기대했는데 내가 눈치가 부족했던 셈이다.

보좌관이 제대로 처리하지 못했다고 의원에게 크게 혼이 난 분위기였다. 마침 자리에 있던 의원에게 나를 떠넘겼다. 한 시간 동안 질타를 받았지만 별 변명도 못 하고 받아줄 수밖에 없었다. 돌아오는 길에 기분이 참 씁쓸했다. 혼자 간 것도 아니고 밑에 직원과 같이 갔는데 참으로 민망한 시간이었다.

그 이후 자료 제출과 업무 설명으로 국회에 드나들며 몇 번 더 그 보좌관과 같이 식사할 기회가 있었다. 지역 연고가 비슷하여 친하게 되었다. 그 보좌관은 섬에 땅이 있는데 집을 지을 만큼 땅을 주겠다고 농담할 만큼 잘 지내는 사이가 되었다. 그때 헐값이던 그 섬의 땅값이 지금은 엄청나게 올랐다. 센스가 부족했던 나는 땅을 주겠다는 각서를 받아 놓지 못했다.

휴게소

"경부고속도로를 접수하러 왔어요"

2001년 8월경 군인 복장을 한 1,000여 명이 휴게소 불법 잡상인을 강제 단속하기 위해서 경부고속도로의 일부 휴게소에 집결했다. 휴게소 잡상인들도 단속에 대항하기 위해 수백 명이 모여들었다.

여기저기에서 서로가 대치되는 상황이 벌어지고 거기에 경찰 수백 명이 모여서 마치 전쟁터를 방불케 했다. 가스총이 등장하고, 소화기가 동원되고, 많은 부상자가 발생할 것 같은 일촉즉발의 대치 국면 속에서 TV 뉴스에 크게 보도되기 시작했다.

당시 휴게소에는 주차장 일부를 점령한 불법 잡상인들의 트럭매장으로 이용객들의 주차장 이용이 불편했다. 오랫동안 도로공사와 관계 당국에서 트럭매장을 단속하려고 노력했지만 쉽게 정리하지 못하고 있었다.

월드컵을 앞두고 휴게소를 정비하고 개선하는 시기에 반드시 정리를 해야 했지만 수월한 일이 아니었다. 그리고 많은 시민 사이에서 '다들 먹고 살려는데 저렇게까지 강제적으로 단속해야 하나'라는 동정론이 생겨나고 있었다. 사회 전반적인 분위기가 단속을 지속하기 어려운 상황으로 흘러가고 있었다.

그때 나는 전국 휴게소를 총괄 관리하는 도로공사의 시설영업부장이라는 자리에 있었다. 상황실을 만들고 한 달이 넘어가며 단속이 이어지고 있었지만 철거하면 또 들어오고 곳곳에서 물리적인 충돌도 일어났다. 시간이 갈수록 각계각층의 비난 수위가 높아지고 지지부진한 단속 성과로 도로공사는 책임론에 시달릴 수밖에 없었다.

그즈음 모 단체에서 월남전에서 목숨을 바쳐가며 벌어들인 자금으로 고속도로 등을 건설했으니 이제 그중 일부인 "경부고속도로를 접수하러 왔다."라고 주장하며 고속도로와 관련된 일부 사업권을 달라고 요청하고 있었다.

단속과 불법영업이 반복되고 있는 휴게소 불법 잡상인에 대한 단속 문제를 사회 질서를 바로잡고 국가를 위해 봉사를 한다는 각오로 자신들이 책임지고 해결하겠다고 하여 불법 잡상인 단속 용역계약을 휴게시설협회와 체결하도록 주선했다. 이 계약으로 불법 잡상인에 대한 단속이 본격적으로 시행되었다.

단속에 대한 반발도 점점 격해졌음은 너무나 당연한 일이다. 현장 단속에 대한 저항은 물론 총괄 책임자인 내게도 입에 담기 힘든 욕설과 협박이 돌아왔다. 심지어 "당신 집이 어딘지 안다 가족을 위해 하겠다."라는 협박에 정말이지 모골이 송연할 만큼 겁이 났던 기억이 있다. 혼자 어두운 길을 못 갈 정도로 정신적으로 위축이 되어 있었고 아이들의 등교와 하교를 신경 쓸 만큼 긴박했다.

그렇게 한 달여가 지난 즈음에 어느 정도 불법 잡상인이 정리되었다. 따라서 휴게시설협회와 모 단체와의 불법 잡상인에 대한 단속 용역계약도 해지되었다. 그러나 단속이 느슨해진 틈을 타 얼마 지나지 않아 불법 잡상인들은 다시 영업을 시작했고 또다시 고소와 고발이 반복되는 대치 상황이 계속되었다.

세월이 흘러 2011년 2월로 기억된다. 서울외곽순환고속도로 부천 고가교 인근 도로 밑에서 화재 사고가 발생했다. 화재 사고의 원인은 고속도로 하부 구간에서 화재가 발생했는데 유조차가 고속도로 하부 공간을 무허가로 점용한 가운데 화재가 발생하여 도로가 전면 차단되고 일부가 유실되었다.

고속도로의 교각을 철거하고 재시공하는 데 수개월이 걸렸고, 도로 이용객의 불편은 물론 수십억 원의 재시공 비용이 발생했다. 문제는 이 차량이 도로 하부를 불법으로 무단 점용한 가운데 사고가 발생한 것이었다. 이 사건과 연관되어 휴게소의 잡상 차량 역시 불법 무단점용 차량이니 조속히 철거하라는 지시가 떨어졌다.

이때 나는 휴게소를 총괄 관리하는 휴게시설처장으로 근무하고 있었다. 잡상인 단속으로 수많은 고생을 했던 지난 2001년이 떠올랐다. 그때의 경험을 살려 처리 방안에 대해 고민했지만 뾰족한 수가 없었다. 시간이 지날수록 지난 기억에 스트레스가 가중되었고 가능한 한 빨리 이 자리를 떠야겠다는 생각이 커졌다.

고민 속에서 "3개월의 시간을 주면 해결 방안을 찾겠다."라고 보고했다. 3개월의 시간을 확보했지만 뾰족한 수가 없었다. 강력한 단속으로 법적조치를 강화하고, 서울외곽고속도로의 피해 사례를 집중적으로 홍보하며 백만인 서명운동으로 여론을 모아갔다. 경찰청과 도로공사 내부에 '합동 해결 TF팀'을 구성하고 잡상인과도 협상 채널을 유지하는 대책을 만들었다.

강력한 단속이 이어지자 잡상인 대표들이 찾아왔다. "우리 생존권이 달린 문제이니 상급단체의 힘을 동원하겠다."라며 거세게 항의했다. 이에 도로공사 및 휴게시설협회는 "이제는 더 이상 불법을 용인할 수 없다. 자발적으로 철거하는 잡상인의 경우 해당 휴게소의 환경미화 업무를 할 수 있도록 자리를 마련해 줄 것이나, 이에 응하지 않는 잡상인의 경우 어떠한 협상도 하지 않을 것이다. 경찰의 협조하에 철저한 단속이 곧 시행될 것."이라는 메시지를 강력하게 전달했다.

그러나 불법 상인들의 반응은 "지금 무슨 말 같지도 않은 소리냐? 휴게소 청소부나 하란 말이냐." 고함이 오고 가는 매우 험악한 분위기가 조성되었다. 도로공사와 휴게시설협회는 경찰과 협의한 결과를 통보하며 "곧 공권력에 의한 강력한 단속이 시작될 것이고, 그렇게 되면 더 이상 지금과 같은 불법영업을 할 수 없을 것."이라는 확고한 단속 의지를 다시 한번 통보했다.

이와 더불어 서울외곽순환고속도로의 피해 사례를 전국의 휴게소에 대대적으로 홍보하고 여론을 조성했다. 특히 잡상인 근절 백만인 서명운동을 시작한 지 한 달 만에 133만 명의 서명을 확보했다. 경찰청, 도로공사 본사 내부, 산하기관에 TF팀을 설치하고 강력한 불법 잡상인 근절 의지를 대내외에 표명하며 단속을 몰아갔다.

책임자로서 청주, 대전, 수원, 창원, 부산 등 전국 곳곳을 돌아다니며 잡상인 대표들을 만났다. 또 한편으로 개별적으로 접촉하여 공권력이 동원되면 서로에게 큰 상처와 피해가 남게 되고 결국에는 이런 것이 큰 사회적 비용을 초래할 뿐만 아니라 역사적 오점으로 남게 된다는 것을 진심으로 설득했다.

어려운 상황 속에서 전화기를 붙들고 하루에 수십 통씩 "앞으로는 불법이 아닌 사회적으로 떳떳하게 인정을 받을 수 있는 합법적으로 할 수 있는 일을 찾아보는 것이 어떻겠냐?"고 설득하고 엄포를 놓기도 했다. 수십 차례의 협상을 하는 우여곡절 끝에 불법 잡상인 측과 휴게시설협회, 도로공사, 그리고 외부 인사로 구성된 TF팀을 만들어 해결 방안을 모색하는 것을 합의했다.

끝이 안 보이는 안개 속에서 해결의 실마리가 잡히기 시작했고 나름대로 심사숙고하여 준비해 온 최종 카드를 내밀었다. 그동안 잡상인 차량이 어느 정도의 매출을 올릴 수 있었던 것은 나름대로 잡상인 차량에 대한 소비자들의 필요가 있었기 때문이었다.

휴게소에 잡화류 판매 매장을 만들고 그곳에 잡상인들이 납품할 수 있도록 하는 '불법 잡상인 양성화 카드'를 준비했다. 내·외부 TF팀 회의만 23차례를 가졌다. 협의가 순조롭게 이어지나 싶던 때에 그동안 협상을 진행하던 불법 잡상인들이 TF팀에서 탈퇴하고 정부 안에 따르기로 했다는 소식이 들려왔다.

참으로 난감한 일이 벌어졌다. 만약 그것이 사실이라면 그간 진행하던 TF팀을 더 이상 추진할 이유가 없으니, 정부 승인을 득한 관련

휴게시설처장으로 재직 당시 휴게소 불법노점상 정리 상황을 설명하는 방송 인터뷰

사회적으로 큰 이슈가 되었던 불법노점상 정리는 각종 언론에서 기사와 뉴스로 보도되었다.

문서를 가져오라고 요청했다. 자세히 알아보니 브로커의 농간으로 인한 허위 사실로 판명이 나면서 다시 협의가 재개되고 TF팀에서 작성한 합의안을 불법 잡상인 임시총회에서 찬반 표결을 한다는 연락이 왔다.

고속도로 휴게소 주차장을 점거한 불법 노점상의 철거 전 모습

휴게소 불법 노점상을 철거하고 새로운 모습으로 단장한 잡화 판매장 '하이샵'

임시총회 당일 갑자기 분위기가 심상치 않으니, 현장으로 빨리 와서 회원들을 설득해야 할 것 같다는 연락이 왔다. 서둘러 현장에 도착하니 불법 잡상인 150여 명이 모여 있었고, 인근에는 1개 중대 정도의 경찰이 배치되어 있었다. 팽팽한 긴장감이 흐르는 긴박한 상황이었다. 아마도 불법 잡상인 대표단과 일반 회원 간에 소통의 문제가 있었던 모양이었다.

임시총회에 참석한 잡상인들은 "도로공사가 자신들을 무조건 몰아내려고 꼼수를 쓰는 것이 아닌지 의심이 든다."라고 했다. 아찔한 순간이었다. 그러나 그간의 노력과 시간을 떠나서 여기서 주저앉을 수는 없는 노릇이었다.

다시금 마음을 다잡고 그들을 설득하기 시작했다. "지금껏 대표단과의 약속은 모두 지켰고 앞으로도 도로공사의 정책대로 따라와 준다면 합의안대로 생존권은 반드시 보장될 것"이라고 설득했다. 도로공사와 대표단과의 합의안을 수용해 줄 것을 간곡하게 설득하던 진심이 통했는지 결국 그들은 우리의 손을 잡았다.

드디어 손에 땀을 쥐게 하는 긴장 속에서 잡상인 차량의 철거가 시작되었다. 철거 뒤 수북이 쌓인 먼지와 쓰레기 더미를 보니 잡상인들의 수십 년 세월이 쌓여있는 듯했다. 그곳은 누가 뭐래도 그들에겐 오랜 삶의 터전이었다.

전국 휴게소의 잡상인 차량을 철거하는데 족히 한 달여가 소요되었다. 그리고 새로이 '하이샵(hi-shop)'이라는 잡화판매장이 깔끔하게 휴게소 내에 설치되었다. 전국 휴게소 주차장을 차지하고 있던

300여 대의 잡상인 차량은 대당 평균 18평 정도의 공간을 차지하고 있었다. 철거 후 설치한 하이샵(hi-shop) 매장은 평균 3.5평이어서 휴게소는 많은 공간을 추가로 확보하게 되었다.

전국 휴게소에 하이샵이 만들어지면서 지저분하고, 시끄럽고, 품질을 믿을 수 없고, 카드 거래가 되지 않던 불법영업이 사라졌다. 연간 400~500억 원 정도의 하이샵 매출도 양성화되어 그만큼의 세원도 확보되었다. 세금을 내고, 신용구매가 되고, 믿을 수 있는 양질의 제품을 판매하는 하이샵을 만든 일은 개인적으로 참으로 뿌듯하고 가슴 벅찬 일이다.

이처럼 휴게소 불법 잡상인의 정리는 오랜 시간 동안 포기하고 관심 밖에 있던 불법 상인들을 정상적인 세금을 내는 사장님으로 변신시킨 사건이다. 휴게소 잡상인 차량 정리는 주요 TV 매체에서 상생의 우수사례로 연일 보도 되고, 불법 노점상 정리 성과는 향후 유사한 사례의 처리 시 참고할 수 있도록 책과 비디오로 제작하여 각 행정기관에 배포되었다.

또한 국토부에서 시행하는 국토부 산하기관 업무개선 발표회에서 발표할 기회가 주어졌다. 더하여 최우수 사례로 선정되어 국토부 장관상을 받았다. 그뿐 아니라 감사원에서 행정기관과 공기업의 업무개선 우수사례로 선정되어 감사원 원장 상을 받았고, 전국 우수공무원 200여 명이 참여한 청와대 만찬에 초대되어 대통령 앞에서 발표하는 영광도 가졌다. 만찬에서 대통령께서 노점상 정리에 어려움이 많았을 것인데 잘 해결하였다며 노고를 위로했다. 30여 년의 공직생활 중 가장 영광스럽고 긴장된 순간이었다.

고등학교 친구가 사기를 당하다

휴게소 관리를 담당하는 부장으로 근무하던 2005년경의 일이다. 고등학교 졸업 후에 한 번도 본 적 없는 같은 반 친구에게 난데없이 전화가 걸려 왔다.

"오랜만이다. 그래 잘 지냈나?" 안부를 물었다. "지방 신협에 전무로 근무하고 있고 집사람은 교직에 근무하고 있다. 부유하지는 않지만 그런대로 부족함 없이 잘살고 있다."라고 친구가 말했다. 친구는 휴게소에 '우동코너'를 운영하고 있다고 했다. 어디 휴게소냐고 물었더니 비밀이라며 다른 곳에서 알면 큰일 난다고 구체적 위치를 말하지 않는 것이었다.

어떻게 운영하게 되었냐고 물으니, 권리금을 5천만 원씩 주고 두 군데를 운영한다고 했다. 그러면 그것은 사기일 가능성이 크니, 서울로 올라와서 상세히 이야기하자고 했다. 얼마 후에 친구가 서울로 찾아왔고 만나서 대화하는데 자기 지인이 휴게소 우동코너를 운영하는데 같이 운영해 줄 터이니 투자금만 내면 매월 결산해서 은행이자 두 배 정도로 보내준다고 했다.

어디 휴게소인지 확인해 보니 외주 우동코너가 아니고 직영하고 있는 것이 확인되었다. 개인에게 외주를 준 사실이 없다는 것을 확인하고 친구에게 "개인 간 권리금을 주고받을 일이 아니다. 즉시 투자금은 회수하고 정리해라."고 했다. 수개월 후 친구는 "투자금을 돌려받고 다 정리했다."는 연락을 주었다. 방치했다면 손실로 이어질 일이었다. 다행히 정리가 되어 안심하고 있었다.

그 이후로 인터넷상에 휴게소를 임대한다는 정보만 나오면 직접 연락해서 관심이 있는 것처럼 해서 사실을 파악하고 내리도록 해 선의의 피해자가 발생하지 않도록 조치하기도 했다. 시간이 지나서 다른 업무로 자리를 이동하고 세월이 한 5년 정도 흘러, 지방에서 근무하고 있었다.

그 친구에게서 전화가 다시 왔다. "어디 어디 휴게소의 코너를 누가 운영하는지 좀 알아봐 달라."는 것이었다.

오래전 일이 생각나서 "그때 다 회수하지 않았느냐?"라고 물어보니 "그때는 다 회수했는데. 같이 운동하며 자주 어울리는 주위 분들이 그때 정리하지 않고 아직 계속하고 있다. 그분들이 이번 달에는 휴가철이라 매출이 좋아서 평소에 몇 배의 이익을 받았다. 수익이 크게 났다. 술을 산다. 식사하자." 하며 투자를 다시 권유해 다시 투자한 상황이었다.

문제는 한 5억 투자 했는데 한 일억은 이익금으로 돌려받았고, 나머지는 회수하지 못한 상태인데 한 달 전부터 투자금을 받은 사람과 회사에 연락이 안 된다는 것이었다. 친구는 급하게 휴게소 현황을 알아봐 달라고 했다.

이야기를 들어보니 전국에 휴게소만 생기면 자기가 코너를 다 위임해 운영하게 되어 있는데. 보안을 요하는 사항이라 알려지게 되면 회수당하니 누구에게도 말 못 하게 하고, 대신 운영해 주고 매월 결산해 은행 금리의 두 배 정도를 꼬박꼬박 하루도 지연 없이 입금해 주었다는 것이었다.

유추해 보면 휴게소와 전혀 상관이 없는 사람이 거짓말로 투자자를 끌어모으고, 이자를 계산해 주면서 이자를 받은 사람과, 그들의 소개로 계속 더 큰 투자를 받아 그 투자비 일부로 이익금을 나누어 주는 사기에 당한 것 같았다. 후에 알아보니 50억 원 이상을 투자받아 해외로 도피한 사례였다. 세상에는 노력 없는 수익은 없다는 것이 진리다. 가까운 사람이 휴게소를 관리해 알아볼 수 있음에도 불구하고 거금을 날린 친구의 일은 지금 생각해도 마음이 편치 않다. 그 친구는 어떻게 극복하고 잘살고 있는지 궁금하다.

휴게소에 입점하면 큰돈을 벌 수 있다. '휴게소는 황금알을 낳는 거위'라고 사회적 관심을 받던 시절의 이야기다. 코로나19 이전 한국을 찾은 외국인들은 한국에서 가장 인상 깊었던 곳을 물으면, 유명 관광지도 역사 유적지도 아닌 '휴게소'라고 답했다. 먹을 것과, 볼 것과, 쉴 수 있는 공간. 문화도 여흥도 쇼핑도 가능한 한국의 휴게소는 지금도 세계적 관심을 받는 곳이다. 휴게소가 관심이 크니 이런 사기 사건이 일어나는 것이다.

휴게소를 인수한 교장선생님

모 대형휴게소에 일흔 가까이 되어 보이는 어른이 관리사무실에 들어와서 "내가 이 휴게소를 새로 샀으니 관리자들 다 모여 보세요." 하면서 직원들을 모았다.

휴게소 관리소장이 "무슨 말씀이냐?" 하고 물었다.

그 영감님은 "내가 전 주인에게 휴게소를 인수했으니 같이 회의하자."라고 했다.

관리소장이 "그게 무슨 말씀이냐?" 다시 물었다.

노신사는 "내가 교장으로 정년퇴직하고 노후에 편안히 지내려고 하는데 지인이 좋은 고속도로 휴게소가 매물로 나와 있는데, 절호의 기회가 왔다면서 오랜 기간 교직에 계셨으니, 투자 해놓으면 휴게소가 현금 장사이고 손님들이 많으니 돈 버는 것은 시간문제다." 해서 "현장을 살펴보고 투자했다."라고 설명했다.

휴게소 소장이 자세히 알아보니 이 노신사는 휴게소 매입을 권유한 지인과 함께 이용객들이 북적이는 토요일 오후에 휴게소를 둘러보았다고 했다. 휴게소는 하행은 토요일에 손님이 많고 상행은 일요일에 손님이 많은데, 이 휴게소는 하행이었다.

휴게소 인수를 권유하는 지인이 휴게소를 돌며 코너마다 설명하는데 "이 코너는 이용객이 매우 많고 하루 매출은 얼마인데, 매출이 적어서 업체를 교체해야 하고, 이 코너는 잘해서 계속 운영하도록 했다."라고 코너마다 설명하며 휴게소 인수를 권유했다는 것이다.

그리고 의자에 앉아 휴게소 직원 조직도로 관리자들을 평가하면서 "소장은 잘하고 있으니 계속 근무시키고, 관리과장은 게으르니 정신교육이 필요하고, 영업과장은 업체들의 평가가 좋지 않으니 유의해 살펴봐야 하며, 시설과장은 열의는 있으나 창의력이 없다."라는 등 직원들을 두루 평가했다.

의자에 앉아 대화하는 도중에 여직원으로 보이는 사람이 지나가자, 직원을 불러 세웠다. 그 여직원은 "사장님" 하며 인사를 했고, "가서 커피 좀 가져 와."라고 하자 여직원이 자판기 커피를 두 잔 가져왔다고 했다.

지인은 노신사에게 "오늘은 주말이라서 고객이 많다. 사무실에 들어가면 사장이 왔다고 바쁜 직원들 업무에 지장이 생긴다."라고 하면서 "한 번씩 오면 자는 방이 있다. 인근 마을로 가자."라고 해서 따라가 보니 외국 차도 한 대 서 있고, "한 달에 대여섯 번 정도 오는데 늦으면 여기서 잔다."고 하며 "시골 별장처럼 이용한다. 필요하면 이

방도 인계해 줄 것이니 심심할 때 와서 쉬어가라."라고 했다.

그 후 서울에서 몇 번 더 만났고 "현장에 같이 다시 가보자." 하니 "다른 분이 인수하려고 같이 갔는데. 직원들에게 알려지면 다른 곳에도 알려지고 그러면 경쟁이 치열해 어려워진다."라고 해서 계약서를 작성하고 인수 금액 5억 원 중 3억 원은 지급하였고 잔금은 아직 미지급한 상태였다.

휴게소 관리소장이 이야기를 들어보니 기가 찰 노릇이었다. "휴게소 운영권은 도로공사에서 입찰로 운영권자를 선정하는 것이지 누가 마음대로 이전할 수 없는 것이 아니다."라고 이야기하자 그분은 사색이 되어 인근 마을로 달려갔다. 지난번 들렀던 방은 비었고 인수금을 받은 노신사의 지인은 전화를 받지 않았다.

모든 게 사전에 계획된 각본에 당한 휴게소 운영권 관련 사기 사건이었다. 경찰에 고발했지만, 그분은 수십 년 모은 퇴직금의 상당 부분을 날렸다. 어떻게 도움을 줄 방법이 없었다. 사기를 당한 입장에서는 눈 뜨고 코 베인 사건이었을 것이니, 참 세상이 무서웠을 것이다.

선의의 피해자가 없어야 하지만 휴게소를 관리하는 도로공사가 개인 간 비밀리에 이루어지는 것을 알 수 없으니 막을 방도는 없다. 다만 세상에 노력 없이 얻어지는 과실은 없으며 모든 일은 상식선에서 이루어진다는 것을 명심할 일이다. 공기업에서 운영하는 휴게소 매매나 인수 같은 일이 비밀리에 이루어질 리 없으니 사회적 통념상 비상식적인 일이었다.

신설된 휴게시설 부서의 책임을 맡다

도로공사는 부처장 승진자들을 서울대학교에 1년간 파견해 교육받으며, 휴식 기간을 갖게 한다. 매우 감사하고 유용한 제도다. 이 시간은 오랜 시간 담당했던 업무 현장을 벗어나 다른 안목과 관점에서 자기를 성찰하는 시간이다. 교육을 마치고 창원지역 본부에서 1년 근무하고 원주 지역본부에서 근무하던 시점이었다.

그때 감사원에서 휴게소 업무만 특별감사를 진행 중이었다. 한 3~4개월 진행된 시점에 본사 휴게시설운영실장으로 부임하게 되었다. 부임해 보니 감사는 거의 끝나가고, 향후 운영개선 방안을 거의 마무리하는 시섬이었다. 이미 큰 가닥을 잡고 개선 방안에 대해 문제점이 얼마나 많을지 검토해 보는 시기였다.

주요 개선 사항은 전국 휴게소 50여 개를 계약 해지하고, 전체 휴게소를 5년으로 계약하고, 일부(우수사업자)를 3년 연장하는 것을 제외하고는 운영권자를 모두 변경하는 것이 주요 골자였다. 도로공사의 입장에서는 계약 해지도 법적 근거가 명확해야 하고, 운영계약이 해지되면 모두가 운영권 반납을 거부하고 소송으로 대응할 것인데, 법률적인 검토해 보니 도저히 소송에서 승소할 확률이 희박했다.

그리고 소송 기간 중 휴게소 운영의 부실은 이용하는 국민의 부담으로 돌아갈 일이었다. 문제가 심각하다는 판단으로 감사팀을 설득하기 시작했다. 그러나 "무슨 소리냐 지금 거의 실무자와 의사 결정하는 라인까지 협의해 진행했다며 불가하다."는 입장이었다.

도저히 설득이 안 되어 그러면 결국은 도공에서 계약 해지도 해야 하고 소송도 대응해야 하니, 법률적인 가능성을 같이 타진해 보기로 했다. 법무법인에 자문한 결과 10가지 예상되는 쟁점 중, 8가지가 법적인 문제점이 있는 것으로(다툼의 소지가 많은 것) 나타났다. 계약 해지는 다툼의 여지가 없는 시설만 진행하고, 나머지 시설은 계약기간을 15년으로 한정하고, 운영권자의 변경을 최소화하되 대거 소송 진행에 따른 운영에 부실이 없도록 변경해 마무리하였다.

원칙만 주장하고 실리와 이용자를 생각하지 않은 채, 그때 만약에 그렇게 정리되지 않았으면 지금처럼 휴게소가 평균적으로 세계 최고 수준으로 발전하지 못했을 것이다. 또 휴게소 화장실 문화를 발전시켜서 세계가 부러워하는 선 휴게소의 탄생도 어려웠을 것이다. 휴게소 화장실 개선 대책은 시민 의식 향상에도 일부 이바지했다. 그리고 한국 공중화장실 전체로 확산한 문화개선 결과를 이룬 사례다.

'휴게소를 혁명하라'는 추상같은 지시가 이행되고, 휴게소 업무에 또 한 번 위기가 찾아왔다. 중앙지검 특수부에서 업무를 설명하러 오라는 것이었다. 같이 근무하는 직원과 조사를 받기 위해 검찰에 출두했다.

조사실에 들어가니 내 이름을 대면서 조사받으러 왔냐고 물었다. 이것은 나를 상당히 긴장시키고 위축시켰다. 직책이나 도로공사 직원이 아니라 내 이름을 부르니, 내 신변에 큰 변화가 생길 것 같은 분위기로 걱정도 되었고 꼭 나를 표적으로 조사하는 것 같고, 조사받는 시간 내내 속앓이를 할 수밖에 없는 어려운 나날이었다.

잘못한 것은 없지만, 지금 맡고 있는 업무는 1년도 되지 않은 새로운 업무였고 아마 최고 윗선을 조사하기 위한 경유 과정으로 하는 것이라 어떤 건이라도 엮어서 신병을 확보하려는 것으로 추측되었다. 겁도 나고 걱정이 되어 내일이 두려운 시간이었다. 그때는 꼭 누가 나를 미행하는 것 같아서 운전 중에 항시 앞 뒤차를 살피는 버릇이 생기기도 했다.

그렇게 한 1주일 조사를 받았다. 특별한 건을 찾지 못했는지 다소 분위기가 바뀌는 것 같았다. 다행히 나에 대한 조사는 끝이 났으나 조사가 이어지고 있어서 한 달 정도 조바심을 놓을 수 없었다. 그 일을 겪고 나서는 느낀 것은 인생은 큰일을 겪어야 그만큼 성장한다는 것을 체험한 것이다.

그렇게 휴게시설운영실장으로 2년, 그리고, 또 '휴게시설처'를 새로 신설해 휴게시실 처장으로 3년을 근무하고 자리를 옮기게 되었다. 그 5년 동안의 기간에 정말 많은 일을 했다. 휴게 업무에 무엇보다도 경험이 많은 직원들이 혼연일체가 되어 노력해 준 덕분으로 생각하고 항상 "고생했지만 고마웠다."라는 마음을 가지고 산다.

제3장

고속도로 휴게소의 혁신

"고속도로 휴게소를 혁명하라"

1999년 초 얼어붙은 겨울에 지시가 하달되었다. 한국의 월드컵 유치 작전은 눈물겨웠다. 한국은 1994년부터 월드컵 유치를 공식 선언하고 유치 경쟁에 나섰다. 반면 일본은 1988년 3월에 이미 월드컵 유치 준비를 시작했고, 1991년 6월에는 '월드컵유치위원회'를 발족했다. 1993년 1월에는 개최를 원하는 15개 도시가 발표되었고 본격적인 유치 활동이 시작됐다.

한국은 월드컵 유치를 발표한 일 년 뒤인 1995년 일본과 함께 FIFA 사무국에 유치 신청서를 제출했다. 1995년 10월 31일부터 11월 7일까지 FIFA가 한국과 일본의 유치 준비 현황을 살펴보기 위해 현장 조사를 시행했다.

한국은 한반도 평화를 명분으로 2년 6개월 동안 발이 닳도록 뛰었지만 '축구 대통령'인 아벨라제 FIFA 회장이 노골적으로 일본 편을 들면서 결과를 낙관할 수 없게 되었다. 심상치 않은 분위기 속에서 1996년 5월 31일, 2002년 월드컵의 개최지를 결정짓는 FIFA 집행위원회의 막이 올랐다.

그러나 개최지 결정을 하루 앞두고 아벨란제 회장이 뜻밖에도 공동 개최안을 내놓으며 만장일치로 공동 개최가 결정되었다. 월드컵 유치를 고대하던 한국은 일본과 공동으로 2002년 월드컵(17회)을 개최하게 되었다. 절반의 승리였지만 월드컵 개최국이 된 한국은 분주해졌다. 세계가 열광하는 월드컵 개최국으로서 준비해야 할 것이 너무나 많았다.

1999년 국회 상임위에서 어느 의원님의 질타가 시작되었다. "휴게소는 비싸고 서비스는 엉망이며, 먹을거리도 변변치 않고, 휴게소가 도대체 누구를 위한 시설입니까?"

한국도로공사 사장님께서 답변하셨다. "시간을 주시면 휴게소를 혁명적으로 바꾸어 놓겠습니다."

1999년 초 얼어붙은 겨울에 지시가 하달되었다. "휴게소를 혁명하라."

혁명하려면 총과 칼이 있어야 하는데 휴게소 혁명은 무엇을 갖고 했을까! 휴게소를 관리 감독하는 한국도로공사에는 혁명을 위한 총과 칼 대신 휴게소 운영권 연장 권한이라는 커다란 대포가 있었다. 그렇게 해서 휴게소들은 운영권 연장의 권한을 가지고 있는 한국도로공사의 위력 때문에 반강제적으로 혁명적 개선 공사가 진행되었다.

오랜 고민 끝에 확정된 대책은 첫째로 휴게시설 근무자의 서비스를 획기적으로 높이는 것이었다. 서비스 강사를 육성해 휴게소 근무자들의 서비스 교육을 강화하고 지속해서 친절 교육을 시행하기로 했다. 둘째는 상품의 품질을 높이고 가격을 인하하는 것이었다. 셋째는 시설을 현대화하는 것이었다. 가격은 내려야 하고, 품질과 서비스는 올려야 하는 숙제는 많은 고민과 수많은 토론을 거쳐 혁신 대책을 세우고 보완을 반복했다.

  6개월의 준비 과정을 거쳐 휴게소 혁신 대책이 완성되었다. 1999년부터 2002년 한일 월드컵을 대비한 휴게소 혁신 대책이 만들어진 것이다. 휴게소 전체 상품의 가격을 20% 인하하고, 서비스 개선을 위한 교육을 강화하고, 시설 개선을 위한 투자 대책을 마련했다. 특히 화장실 개선을 위한 대대적 노력이 이루어지기 시작했다.

  완제 상품가격을 20% 인하하고 제조 상품은 품질을 향상해 소비자의 기대에 부응하도록 했다. 가격을 인하하는 대신 임대료를 이원화했다. 완제 상품과 제조 상품을 분리해 임대료를 조정 부과해 일정 부분 임대료를 현실화했다.

  휴게소 혁명 진행 중에 한국도로공사는 가격 인하 건으로 공정거래위원회로부터 검찰에 고발당하고, 그 내용이 TV 9시 뉴스에 보도되는 고초를 겪기도 했다. 20%를 무조건 인하하라는 것은 무리한 처사이며 '월권'이리는 것이다. 검찰은 한국도로공사가 갑의 우월적 지위로 휴게소 운영사의 경영에 간섭했으므로 실정법을 위반했다는 내용으로 한국도로공사를 고발했다.

  즉 상품의 판매 가격은 판매자가 알아서 결정할 일이지 누구도 간섭해서는 안 된다는 것이다. 그러나 휴게소 관리·감독 기관인 한국도로공사는 고속도로 휴게소는 지역 독과점 시장이므로 소비자 보호를 위해 일정 수준의 가격에 대한 간섭은 필요하다는 견해였다. 소비자를 위한 조치로 인정되어 결국에는 큰 무리 없이 처리되었지만 검찰 조사 과정에서 여러 가지로 어려움이 많았다.

휴게소 혁명의 가장 난제는 화장실 개선이었다. 역한 냄새와 지저분한 화장실을 꽃과 그림이 있으며, 음악이 흐르고 향기가 나는 화장실로 바꾼다는 목표를 세웠다. '다시 찾고 싶은 고속도로 휴게소, 계속 머무르고 싶은 고속도로 휴게소'라는 캐치프레이즈를 내건 '휴게소 혁명'은 대대적인 시설 개선과 설비를 현대화해야 가능한 일이었다.

시간이 많이 필요하고 예산도 많이 소요되는 관계로 우선 화장실 개선에 초점을 맞추어 개선 대책을 만들었다. 화장실에서 커피를 마셔도 될 만큼 시설을 개선해야만 이용객의 관념을 바꿀 수 있다고 생각했다. 꽃과 음악이 있는 화장실을 위해 화장실에 카펫을 깔고 꽃을 꽂았더니 번번이 꽃이 사라져 버리곤 했다.

휴게소 측의 항변이 있었지만, 꽃이 없어지는 즉시 바로 꽃을 채우도록 했다. 시간이 지나면서 꽃이 없어지는 일은 점차 사라졌다. 화장실 휴지도 마찬가지였다. 초기엔 화장지가 없어지는 일이 빈번했으나 점차 줄어들었다. 효율적인 관리를 위해 화장실용 대형 휴지 걸이가 만들어졌다.

혁신 대책을 시행한 뒤 추진 사항을 점검하기 위해 휴게소를 방문

고속도로 휴게소 화장실 혁신사업에서 1위를 한 '망향휴게소'의 화장실 전경

태양열 패널을 이용해 온수를 공급하는 안성휴게소 에코 화장실

했다. 불과 얼마 전만 해도 휴게소 전면에서 많은 사람이 담배를 거리낌 없이 피웠다. 그러나 지금은 거의 찾아볼 수 없다. 경부선 기흥 휴게소에서 화장실 주변을 둘러보고 있는데 누군가 손에 담배를 들고 급히 화장실에 뛰어 들어갔다가 이내 다시 나오는 것이었다.

자세히 보니 화장실 입구에서 방금 들어갔던 곳이 정말 화장실이 맞는지 표지판을 확인하고는 재떨이에 담배를 끄고, 옷매무새를 매만지더니 점잖은 걸음걸이로 다시 화장실에 들어갔다. 나는 그 광경을 보고 우리의 휴게소 혁신 대책이 성공했다고 확신했다.

아마도 길지 않은 시간에 변화된 화장실 내지는 휴게소 전반에 대한 놀라움이었을 것이다. 고속도로 휴게소의 화장실 개선 공사는 우리나라 전국 공중화장실 문화 수준을 개선하는 데 결정적으로 기여했다고 믿어 의심치 않는다.

휴게소 민영화와 입찰의 시작

휴게소에 또다시 일대 혁신이 일어났다. 휴게소를 관리하는 도로공사의 자회사를 청산하고 운영권을 민간에 부여하는 업무가 추진되었다. 시설공단을 청산하는 업무는 가슴이 아픈 일이었다. 애초 고속도로가 많아지면서 휴게소도 많아져, 휴게소를 전문적으로 관리하고 대국민 서비스를 향상할 큰 목적으로 설치한 회사를 없애고 운영권을 민간에 부여하는 일이었다.

도로공사 입장에서 휴게소 관리와 효율성에 큰 어려움이 예상되는 일이었다. 국가에서 커피 사업, 우동 사업 등 영업을 직접 담당하는 것은 맞지 않는 일이나, 새롭게 출발한 자회사를 없애야 한다는 사실이 막막했다. 개인적으로 생각하면 같이 도공에서 근무했던 선배, 동료 직원들이 미래를 보고 가서 근무하고 있는 회사라 마음이 아팠다. 그러나 정부의 정책으로 시행하는 업무라 어쩔 수 없는 현실이었다.

　그 과정에 시설공단 노조가 주도한 파업이 일어나고 시위도 있었으나 절차에 따라 진행될 수밖에 없었다. 직원들은 고속도로 유지관리를 담당하는 또 다른 자회사인 고속도로 관리공단에서 인수하는 조건으로 진행되었다. 지나고 보니 휴게소 운영권은 민간에 부여하되 청산하지 않고 휴게소를 신설하고 관리하는 업무로 운영 범위를 축소해 유지했더라면 하는 아쉬움이 많이 남는다.

　휴게소 운영권 민간 위탁 업무가 진행되었다. 시설공단 청산 업무는 타 부서에서 진행했고, 휴게시설처는 운영권을 민간에 부여하는 입찰업무만 맡았다. 초기에 입찰방식을 두고 많은 의견이 있었다. 휴게소가 워낙 사회적 관심이 큰 곳인지라 특정한 세력(?)에게 운영권을 부여하지 못하게 입찰방식을 아주 공정하고 객관적이고 투명하게 만들었다.
　휴게소 운영권의 투명한 입찰을 위해 '영업계획부'에서 각고의 노력을 했다. '휴게시설처'는 그 기준에 따라 집행하기만 하면 되었다. 여러 가지 과정을 거쳐 당초에 특정한 세력에게 주고자 했던 휴게소 운영권을 일부 시설은 중소기업 자격 확인을 받은 업체만 입찰 자격을 주는 것으로 기준을 정리했다.

　처음으로 진행되는 휴게소 운영권입찰이라 경쟁률이 치열했다. 입찰 단위에 따라 300~400대 1의 경쟁률도 있었다. 당시에는 '휴게소가 황금알을 낳는 거위'라는 별칭이 생길만큼 사회적 관심이 어마어마했다.

공정성과 투명성 확보를 위해 입찰 집행 업무 자체를 은행에 위탁해 시행했다. 원래 수입이 되는 입찰은 최고가 입찰이 원칙이다. 임대 보증금을 얼마나 납부할 것인가가 입찰 조건이었지만, 낙찰자 선정은 무조건 최고가 입찰보다는 국민에게 질 좋은 상품을 판매하고 서비스가 유지되는 운영이 중요했다. 때문에 최고가 보다는 조금 완화된 상위 15% 입찰 평균가 직상자를 낙찰자로 선정하도록 기준을 정했다.

제1차 휴게소 운영권 민영화 입찰 결과 평균적으로 도로공사에서 제시한 임대 보증금의 213%에 달하는 금액의 낙찰 결과가 나왔다. 실무부서에서는 150% 정도로 예상했는데 의외로 높은 금액이었다.

2차 운영권입찰에서는 1차보다도 더 높은 300% 수준의 낙찰 결과가 나왔다. 일부 시설은 600% 수준으로 낙찰되어 예상하지 못했던 입찰의 문제가 나타나기 시작했다. 무조건 낙찰되고 보자는 업체들이 생겨났다. 도로공사에서 제시한 매출을 믿지 않고 이면에 숨겨진 매출이 있을 것이라는 막연한 기대심리로 입찰가를 높여 낙찰받고, 이후 입찰을 포기해 계약보증금을 회수당하거나 낙찰 이후 수개월 운영하고는 운영을 포기하는 사례가 나타나기 시작했다.

그 당시 매출의 상당 부분은 세무관서에 신고하지 않고 사업하는 사례가 많아 휴게소도 그럴 것이라 예단하고 입찰한 결과였다. 그에 따라 회수된 보증금을 돌려달라는 소송이 여러 번 제기되는 일이 일어났다. 도로공사는 휴게소 낙찰 방식을 바꿨다.

3차 휴게소 운영권입찰부터는 낙찰자 결정 방식을 입찰자의 평균치 직상지로 결정 방식을 변경해 운영부실을 예방하는 보완 조치를 시행했다. 그러나 편법을 쓰는 업체도 등장했다. 의도적으로 다른 업체를 내세워 최고 금액을 적어 내고 평균치를 올려서 적정한 금액으로 낙찰받고자 하는 업체는 금액이 적어 탈락하는 편법을 쓰는 방법으로 낙찰받고자 했다.

  그러나 이 방법은 예상한 숫자만큼의 업체가 없거나 금액이 적어져서 최고가가 낙찰되는 사례도 있었다. 심지어 제시 보증금의 640% 금액을 적어내고 계약을 포기한 업체도 있었다. 이때 도로공사에서 제시한 보증금은 25억이었고, 낙찰 금액은 160억이었다.

  그렇게 몇 차례 입찰이 되고, 지방에 출장을 가던 중 언론에서 난리가 난 사건이 있었다. 경실련 발표였는데 당시 대통령 아들이 치과의사와 통화를 하던 중에 "휴게소를 주겠다."라는 이야기가 나왔다는 것이다. 언론에서는 '모 휴게소가 치과의사와 관련 있는 업체에서 낙찰받았다'라고 대서특필했다.

  수많은 언론에서 자료를 요청하고 취재가 이어졌다. 우연의 일치인지 모를 일이나 입찰 집행은 은행에서 시행했고 우리는 그 업체가 어떤 업체인지도 몰랐다. 130여 개의 업체 중에 정당하게 입찰해 낙찰받은 업체를 배제할 수도 없었다.

  휴게소는 도로공사 소유의 시설을 5년 단위로 운영권을 계약 위탁하는 곳과 시설을 직접 투자해 운영권을 장기 위탁받는 민자휴게소가 있다. 2000년대 초에 도로공사에서 추진한 민자 시설 중 운영 기간을 12년에서 15년 정도로 계약한 20여 개의 휴게소가 있다. 이들 휴게소는 부지 사용료가 그리 높지 않은 수준이어서 도로공사의 소비자 편익 정책을 반영해 대체로 양호하게 운영하는 것으로 평가되고 있다.

문제는 계약기간의 만기가 다가오면서 시설투자에 관심과 노력이 적어진다는 것이다. 계약 만기 이후에는 재연장이 불가하기 때문이다. 장기 계약과 비교적 저렴한 수준의 임대료 책정이 특혜 문제로 비화 되지 않도록 막는 일이었다. 도로공사의 정책에 적극 부응했지만, 재연장이 안 되면 계약 만료 이전에 수익을 극대화하려는 것은 당연한 일이다.

그 기간에 필요한 시설투자와 관리가 소홀해지는 것은 이용객들의 불편을 초래할 수 있어 적절한 시설투자 관리를 유지하기 위한 정책이 보완되어야 한다. 휴게시설은 고속도로라는 공간에서 일정한 간격에 설치 운영되므로 경쟁이 제한되는 지역 독과점 시장으로 가격을 자동 조절하는 시장경제 논리가 작용하지 않는 곳이다. 판매자가 가격을 결정하면 소비자는 따라갈 수밖에 없다.

결국은 소비자의 권리가 보장받지 못하는 시장이다. 따라서 일정 수준의 품질과 서비스 유지, 공정가격이 준수되어야 한다. 그렇지 못하면 판매자가 초과이윤을 독점하게 되는 특성이 있다. 대표적으로 유원지 같은 곳이나 특수 지역의 판매 가격이 높은 것은 이런 이유 때문이다. 이런 구조는 소비자에게 피해를 줄 수밖에 없다. 해서 5년 정도 단위로 임대 운영 조건을 조절할 수 있는 제도가 합리석이라고 판단된다.

'ex-주유소' 가격이 저렴한 이유

휴게소 이용 소비자의 한 사람으로서 요즈음 고속도로 'ex-주유소' 유류가격이 대폭 인하되어 시중 알뜰주유소 평균 가격보다도 저렴한 수준으로 판매되고 있는 것이 반갑다. 고속도로 'ex-주유소'의 가격이 이렇게 저렴해진 것은 그냥 우연히 찾아온 것이 아니다.

공직자들이 소신으로 일한다면 사회가 바뀌고 많은 사람에게 혜택이 돌아간다. 좋은 정책은 전 국민에게 지대한 영향을 미치기 때문에 보람도 크다. 나도 휴게소를 관리 감독하는 일을 맡아오면서 운영관리 규정을 만들고 시행하며 꿋꿋하게 자기 일에 최선을 다하면 국민 삶의 질을 한 단계 높이는 데 일조한다는 자부심이 있었다.

요즘은 고속도로 주유소의 유류가격이 시중에 비해 오히려 상당히 저렴하다. 예전에는 고속도로 주유소의 유류가격이 시중에 비해

비쌌다. 누구나 알고 있는 사실이라 고속도로에 들어가기 전 주유를 하고 들어가는 것이 상식이던 시절, '고속도로 진입 마지막 주유소'라는 입간판을 쉽게 볼 수 있었다. 요즘은 이 풍경이 사라졌다. 시중보다 고속도로 주유소가 더 저렴하기 때문이다.

고속도로 주유소의 유류 가격이 시중보다 크게 저렴해진 이유가 있다. 고속도로 주유소의 경우 2012년까지는 모두 정유사의 공급가격에 인건비와 도로공사의 임대료 및 적정이윤을 포함하여 판매하는 구조였다. 1990년 이전에는 정유사 시장점유 비율에 근거하여 고속도로 주유소도 그 점유 비율 수준으로 신규 주유소의 경우 유류 공급사를 도로공사에서 배정해 주었다.

명분은 같은 정유사가 연속해서 설치되지 않게 한다는 이유였지만 지금 생각해 보면 경쟁시장에 맞지 않는 논리다. 국정감사에서 지적받고 신규 주유소 설치 시 정유사 결정은 주유소를 운영하는 회사가 자율적으로 결정하도록 하였으나 그래도 문제는 남아 있었다.

정유사들은 고속도로 시장에서 경쟁하지 않았다. 정유사 간 담합이 있었는지 모를 일이나 주유소 운영사가 기존의 폴을 변경하기 위하여 타 정유사에 요청해도 반응이 없었다. 즉 공급가격이 저렴한 정유사로 변경하려 해도 변경이 안 되는 특이한 사례가 지속되었다.

특히 고속도로의 경우 시중 주유소에 비해 판매 물량이 평균 두 배에 이르는 실정이지만 공급가격은 시중 주유소보다 상당히 비싼 가격으로 공급받았다. 수송비가 많이 소요되어 그런 것도 아니고 공급사를 바꿀 수도 없는 이상한 형태의 시장이 형성되다 보니 실제 판매

가격도 시중보다 비쌀 수밖에 없는 구조였다.

이런 모순적 구조를 개선하기 위해 2012년 휴게시설처장으로 재직 중 추진했던 '고속도로 알뜰주유소'는 기획부터 실행까지 불도저처럼 밀고 달렸던 프로젝트였다. 단기간에 100호점을 만들어 내리라고 아무도 기대하지 않았지만, 성과를 이루었다.

알뜰주유소는 석유공사와 농협과 도로공사가 공동으로 유류를 구매하고 직판하는 시스템을 구축해 할인된 가격으로 판매한 정책이다. 현재 ex-주유소의 전신이다. '알뜰주유소'의 기획은 2011년 하반기에 시작한 것으로 기억된다. 그때 대통령께서 기름값이 이상하다는 지적을 하셨다. 아마 원유가격은 내려가는데 소비자가격은 인하되지 않는 것에 대한 국민적 불만을 대변하는 정책 지시였을 것이다.

정부에서 기름값 인하를 위한 대책 수립에 매진하고 있을 당시였다. 정부는 '대안 주유소'를 국공유지에 1,000개 정도 설치해, 저렴하게 판매하면서 전국 주유소의 기름값 인하를 유도하고자 하는 정책을 검토하고 있었다. 그런데 시중에 13,000여 개의 주유소가 시장을 형성하고 있는데 신규로 1,000여 개를 설치하면 궁극적으로 기존의 1,000여 개의 주유소가 문을 닫게 되는 부작용을 초래할 수도 있었다.

새로 설치하는 것이 시간과 비용 측면에서도 효율적이지 못하다는 생각이 들었다. 또한 유류를 판매하는 주유소보다 유류를 공급하는 정유사가 더 우월한 위치에 있는, 소위 '갑'이라고 말하는 유통구

도로공사에서 2011년 추진한 '알뜰주유소'는 현재 고속도로에서 만나는 'ex-주유소'의 전신이다.

조가 시장원리에 역행한다는 것을 실감하고 있었다. 고속도로 주유소가 할 수 있는 대책이 없을까 직원들과 토론했다.

그때 업무를 직접 담당하는 팀장이 의견을 제시했다. "개별주유소가 거대 정유사와 협상하는 구조를 벗어나기 위해 고속도로 주유소만이라도 힘을 합쳐 협상한다면 지금보다도 훨씬 유리한 거래조건으로 협상할 수 있을 것이다. 고속도로 주유소가 150개 정도 되고 농협과 시중 일부 주유소만이라도 동참한다면 정유사 간에 경쟁을 유도해 유류가격을 획기적으로 인하할 수 있을 것"이라고 의견을 제시했다.

토론 과정에서 정유사의 반발이 심할 것이라는 의견과 운영사들이 동참해 줄 것인가 하는 문제가 제시되었다. 어떤 일이든 개혁하려면 기존의 틀을 바꾸어야 가능하다는 신념과 그간 주유소 운영사들의 고충을 많이 들어온 터라 지금 정부에서 검토하고 있는 '대안 주유소' 정책보다 더 좋은 방안이 될 수 있을 것으로 판단했다.

정부에 건의하자 정부에서 검토하던 '대안 주유소' 정책보다 좋은 대안이라는 결론을 얻어 '대안 주유소'를 1,000개가량 신설한다는 정책이 폐기되고 이 정책이 수용되어 지금 시중에 있는 '알뜰주유소'가 세워지는 계기가 되었다. 그 후 정부에서 보완하고 관계기관의 협의와 토론을 거쳐 '알뜰주유소'가 탄생했다.

고속도로에 알뜰주유소가 만들어지면서 시중보다 저렴한 가격이 책정되니 기대 이상으로 호응이 컸다. 고객들이 줄을 서서 기름을 넣고 가는 풍경을 종종 볼 수 있었고, 주유소 매출이 2~3배 정도 늘어났다. 고객이 즐겁고 알뜰주유소도 즐거운 일이었다. 오랜 관행이던 고속도로 주유소들의 유가 담합 구조를 깬 것이다.

고속도로 주유소는 저렴한 가격을 위해 여러 방안을 적용하고 있다. 알뜰주유소가 도입되면서 시작된 셀프주유소 도입을 적극 권장한 것도 가격 인하에 큰 역할을 했다. 현재 고속도로 주유소의 절반 이상이 셀프주유소로 운영 중이다.

고속도로 주유소의 가격이 저렴한 이유는 도로공사가 직접 공사의 중간이윤을 줄이고, 또 석유공사 입찰 후에 정유사의 입찰을 받음으로써 석유공사의 입찰 가격보다 더 저렴한 가격에 제공받기 때문이다.

그리고 무엇보다 'ex-주유소'의 가격 인하 효과는 도로공사가 주유소 평가점수의 절반을 판매 가격 수준으로 상대평가하고 있어 주유소들은 운영권을 확보하기 위해 가격을 최대한 낮출 수밖에 없다.

저렴한 가격과 정품으로 이용객들에게 인기가 큰 고속도로 'ex-주유소'

 이는 소비자 관점에서 대단히 환영할 일이나 주유소 운영사의 입장으로 보면 최소한의 운영마진 확보가 어려워 불만이 많다. 현시점에서 '알뜰주유소'와 'ex-주유소'의 저렴한 가격은 시중 주유소 가격 조정에도 영향을 미치고 있어 전국적인 유류가격 안정에 큰 역할을 하고 있다.
 현재는 시중 어디에도 고속도로 주유소 수준의 유류 가격으로 판매하는 주유소가 없을 정도로 저렴하다. 고속도로 주유소의 매출도 'ex-주유소'로 전환하기 이전의 물량보다도 2배 수준으로 증가했다. 이는 고속도로 주유소가 국민에게 사랑받는 시설로 한 걸음 더 다가가는 데 크게 이바지했다고 생각한다.

'ex-주유소'는 일본 휴게소도 궁금해하는 한국 휴게소의 운영 기술이다. 2016년도 초에 일본의 고속도로 휴게소를 견학할 기회가 있었다. 일본의 휴게소 관리직원들과 토의할 기회가 있어 우리나라의 'ex-주유소'를 설명했는데 크게 관심을 가지고 추진 방법을 물어보았다. 일본도 우리나라의 옛날 구조처럼 고속도로 유류가격이 시중보다 비싸게 판매되고 있는 구조여서 관심이 많았다.

우리가 일본 휴게소에 견학을 여러 번 갔으나 정보(임대료, 계약조건 등)를 제대로 공개하지 않아 불만이 많았던 터라 다음에 한국 휴게소를 방문하여 일본 휴게소의 정보를 알려주면 추진 방법을 세밀히 알려주겠다고 조건을 내걸고 왔다. 유럽의 경우에도 고속도로 주유소 가격이 시중보다 10~20% 높아 고객들의 불만이 많아, 우리 ex-oil 제도 도입을 원하는 국가가 많은 실정이다.

화장실 개선이 이용하는 국민 의식 수준 향상과 자긍심 고취 등 국격 향상에 이바지했다면 'ex-주유소'의 확산은 국민에게 직접적인 금전적 혜택을 주는 데 큰 역할을 하는 주요 사업이다. 고속도로의 휴게소와 주유소가 국가시설로서 공익적인 역할을 하고, 다양한 업무개선을 통해 제 역할을 충분히 수행하고 있는 것을 국민의 한 사람으로 자랑스럽게 생각하며 향후 더 발전적인 모습을 기대한다.

고속도로 휴게소 판매장의 변화와 발전

　1971년 경부고속도로 개통과 함께 처음 영업을 시작한 고속도로의 휴게소는 정규 휴게소가 아니었다. 간이 판매시설 형태의 매점과 많은 사람이 이용하는 고속도로의 특성에 따라 판매를 기대하고 지역농산물 판매장이라는 이름으로 일부 휴게소에 판매시설을 만들어 농산물을 판매하는 곳을 통칭해 휴게소라 불렀다.

　시설도 부족하고 매출도 크지 않았지만 초기의 정규 휴게소들은 1980년 후반 자동차 이용이 늘어나고 이용객이 증가하면서 증축과 개축을 거듭해 오늘날의 대형휴게소가 되었다. 고속도로의 대형휴게소들은 연간 매출액이 100억 원 이상이다. 간이 판매시설인 매점으로 운영되던 곳들은 위치에 따라 폐쇄된 곳도 있으나 대부분 소형 휴게소로 건물을 신축 또는 증축해 현재까지 운영되고 있다.

　농산물 판매장은 초기에는 정착하지 못하고 흐지부지 없어졌다가

1980년대 말 각 휴게소에 '내 고장 으뜸 상품 판매점'이라는 이름으로 재도입해 현재는 80여 개 휴게소에서 운영 중이다. 생산자와 소비자를 직접 연결한다는 직거래 취지를 살려 지역생산자의 사기 진작 차원에서 시설을 개선하고, '국민행복장터'라는 이름으로 재단장해 확산하는 단계다.

현재 대부분 휴게소는 식당과 밖에서 바로 구매할 수 있는 간식류 판매장으로 나뉘어져 있다. 초기 휴게소들은 건물 안에서만 판매했다. 건물 안쪽에서 판매하던 간식류를 밖으로 뺀 것은 공간을 효율적으로 활용할 수 있기 때문이다.

간식매장이 건물 밖으로 나온 것은 90년대 초에 호떡을 간이 이동식 판매장에서 팔기 시작하면서부터다. 이용객 동선이 많고 화장실 이용객처럼 식당 안으로 들어오지 않는 이용객들도 호떡을 파는 간이 판매대를 지나며 눈에 보이니 매출은 기대했던 것보다 많았다.

이때의 가판매장은 상설이 아니고 명절이나 하계 휴가철 등 이용객이 폭발적으로 늘어나는 시기의 이용 수요에 대비하기 위한 일정 기간 임시매장이었다. 연휴나, 주말 등 늘어나는 휴게소 이용객의 이용 추세에 비례해 건물을 확장하는 데 필요한 비용과 시간 등을 고려하면 상당히 긍정적인 부분이 있어 법적인 문제가 없는 곳에 한 해 가판매장을 운영했다.

그러나 처음에는 불법 구축물로 치부되었고 가판매장으로 불리기도 했지만, 이동식 호떡 판매가 늘어나며 전 휴게소로 확산하기 시작해 지금은 대부분 이동 통로에서 간식류를 판매하고 있다. 그 후 판매 품목도 삶은 감자나 밤, 옥수수 등으로 품목이 많아지면서 법적인 문제를 해결하기 위해 건물 안이나 건물 캐노피 안에서 밖을 향해 매장을 만들어 판매할 수 있는 방식으로 짓다 보니 현재의 열린 매장이 생겼다.

그리고 그 당시 휴게소의 영업 전략은 판매 상품의 가격을 시중보다 저렴하게 판매하는 것이었다. 저렴한 가격 정책으로 제품의 질이 떨어지고, 맛을 유지하는 것에도 문제가 생기기 시작했다.

유명브랜드의 정가 제품을 판매하면 휴게소의 판매 상품들의 질을 기본으로 유지하는 것은 물론 비싸다는 생각도 들지 않을 수 있어 브랜드 제품을 휴게소에 입점하도록 적극 권장하기 시작했다.

유명브랜드 유치에 이어 이제 휴게소는 한 단계 더 도약하고 있다. 고속도로 운행 중 잠시 들려 필요한 것을 바쁘게 해결하고 가는 곳에서, 즐거운 공간, 휴식이 있는 공간, 맛있는 공간, 쇼핑 공간으로 자리 잡은 지는 이미 오래다. 이제는 차별화된 공간에서 담소를 즐기고 문화를 누리는 공간으로 나가는 중이다. 단순한 간식매장에서 발전한 독립된 공간들이 생겨나고 있다.

휴게소의 고급화를 이끈 브랜드 매장

시중의 유명한 브랜드 프랜차이즈 매장을 휴게소에서 쉽게 만날 수 있는 이유는 유명브랜드 매장을 입점시키면 도로공사에서 휴게소 평가 시 가점을 주기 때문이다. 열린 매장이 많아지면서 휴게소가 외관이 지저분해지고 시장통 같은 분위기에 무질서하며 휴게소의 수준이 낮아지는 것을 방지하고 깔끔한 이미지를 유지하기 위해 시중에 많이 알려진 유명브랜드를 휴게소에 도입하는 것을 권장했다.

휴게소의 이미지가 개선되고 높아질 것을 기대하며 2012년부터 휴게소에 유명브랜드를 도입하면 인센티브를 주는 제도를 만들었다. 시중에 유명 프랜차이즈 브랜드를 휴게소에 유치하면 가격과 품질을 시중과 동일하게 유지할 수 있어 고객신뢰도가 높아질 거라 판단하고 일정 수준 이상 되는 프랜차이즈 브랜드를 유치하면 휴게소 평가에 가점을 주는 형태로 유명브랜드 유치 전략을 수립하고 추진했다.

처음 휴게소에 유명브랜드를 도입할 당시에 유명브랜드의 경우 입점을 꺼렸다. 휴게소가 고급스럽다는 이미지를 주기 전이어서 자칫 이미지 격하를 우려했기 때문이었다. 하지만 휴게소에 유명브랜드를 유치하는 것이 여러 가지 면에서 필요했다.
해외 유명 커피 브랜드를 휴게소의 좋은 위치에 유치하고자 도로공사의 휴게시설처에서 미팅을 요청했는데 돌아오는 답은 한 달 뒤에나 시간이 난다는 것이었다. 해외 유명브랜드를 꼭 유치하고 싶었지만 브랜드 측의 고자세(소위 말하는 갑질)에 전략을 바꾸었다.

한국도로공사를 이렇게 대하는 상황이라면 소자본 점주에게 어떻게 할지는 안 봐도 알 것 같았다. 휴게소에 입점하지 않은 해외 브랜드를 후회하게 만들어야겠다고 생각하고 우리나라의 커피 브랜드를 경부선의 대형휴게소에 건물을 신축해 유치했다. 그리고 휴게소에 입점한 국내 브랜드를 전국 고속도로 휴게소 42곳에 입점하도록 했다.
현재 유명브랜드들은 전국 휴게소에 입점해 고객들로부터 상당한 반응을 얻고 있다. 당시 고자세로 일관했던 해외 브랜드는 휴게소 한 곳에 입점했으나 위치가 좋지 않아 세내로 정착하지 못했다.

브랜드 유치가 많아지면서 브랜드 지정 조건 매뉴얼을 만들었다. 전국에 75개 이상의 매장을 보유한 브랜드를 대상으로 2만 명 이상 국민의 선호도를 조사한 점수와 공항, 백화점, 민자역 등에 입점하여 있을 때는 가점을 주어 합산 점수가 80점 이상을 획득한 브랜드를 유명브랜드로 지정했다.

　메뉴얼 조건을 충족한 유명브랜드를 휴게소에 유치하면 휴게소 종합평가에서 가점받기 때문에 휴게소의 유명브랜드 유치정책은 현재까지 진행되고 있고 고객들로부터도 좋은 평가를 받고 있다.

　2023년 현재, 고속도로 휴게소에는 11개 품목에 44개 유명브랜드가 지정되어 있다. 그리고 고속도로 휴게소에는 현재 415개 매장이 입점해 운영 중이다. 매출은 연간 1,600억 원의 매출을 올리고 있는 것으로 파악되고 있다. 입점 매장별 평균 연 매출액은 3.5억 원 수준이다.

휴게소에서 시중과 같은 가격으로 즐기는 유명브랜드는 휴게소의 고급화와 신뢰도를 높이는데 크게 기여했다.

그중에서 가장 많은 브랜드 매장이 입점해 있는 커피 판매장은 203개이며 연평균 매장별 4.3억 원의 매출을 기록 중이다. 또한 유명 브랜드 매장의 매출 증가율은 연간 30% 수준으로 휴게소의 연매출 증가율보다 몇 배 증가하고 있는 것으로 파악되어 이용객의 유명브랜드 선호도가 높음이 입증되고 있다.

유명브랜드 입점으로 휴게소는 쾌적한 환경이 조성되고 이용객의 휴게소 이미지 개선에도 획기적으로 이뤄졌다. 고속도로 휴게소는 고속도로의 장거리 운전으로 인한 피로를 해소하고 쉬어가는 곳이며 생리적 욕구를 해소하는 곳이다. 시중의 카페처럼 안락하고 편안한 분위기에서 담소를 나눌 수 있는 공간이 만들어지며, 더 머무르고 싶고, 다시 오고 싶은 공간으로 또 한 단계 발전했다.

이제는 휴게소마다 개성을 살려 편안하고 다양한 공간으로 거듭나는 노력이 필요하다. 일부 휴게소에서는 이미 입석 형태의 간식매장에서 카페 형태로 매장을 변화시킨 휴게소가 등장했다. 열린 매장에서 한 걸음 더 발전해 독립적인 공간을 확보한 간식매장은 고객들에게 좋은 반응을 얻고 있다. 아마도 짧은 시간에 많은 휴게소에 이 같은 시설이 늘어날 것이다.

고속도로 이용자들은 대부분 장시간 운전하게 마련이다. 더 안락하고 편안한 독립공간에서 담소를 나누며 좋은 음식을 먹을 수 있는 공간을 원한다. 그리고 동행자들과 함께 쉬는 시간이 늘어난다면 휴게소 매출도 당연히 증가할 것이다.

휴게 문화 해외 진출의 첫발

2007년 중국 지방정부에서 문서 하나가 날아왔다. 내용은 중국 장춘, 길림, 도문을 연결하는 길림성 '장길도고속공로'에 휴게소를 건설했는데 한국의 휴게시설 문화가 훌륭하니 운영 자문 협조를 요청하는 내용이었다.

그때 잠시 '우리 한국의 휴게시설이 중국에서 보기에는 수준이 높은 문화로 정착되고 있구나' 하는 생각과 함께 길림성은 조선족자치주가 있는 곳이고 또한 북한의 나진·선봉지역의 개방을 위해 많은 흐름이 국제적으로 있는 곳이라 흥미롭게 생각하고 긍정적인 답변을 보냈다.

얼마 후 휴게시설 운영업체로 구성된 '한국 고속도로 휴게시설협회' 임원과 함께 길림성 연길을 방문해 신규고속도로와 휴게시설을 견학하며 운영에 따른 자문을 했다. 처음 느낌은 휴게소의 위치가 정확히 50km마다 설치가 되어 있는데 교통량이 적은 데 비해 시설 규모가 너무 크고, 휴게소 위치 선정도 주위 여건을 고려했으면 하는 아쉬움이 있었다.

'중국은 나라가 넓어 규모도 크구나' 생각하면서 교통량에 맞추어 단계적으로 확장하는 방식을 택했으면 좋았겠다고 조언했지만 이미 건설이 완료되어 있었다.

흥미로운 것은 연길 근처에 양방향 '연길휴게소'가 있는데 장춘 방향 쪽은 휴게소 외에 별도의 큰 건물이 한옥 형태로 건설되어 있었다. 그 건물엔 대단위 파티도 하고 민속 공연도 할 수 있는 강당 규모의 공간이 있었다. 소수민족인 조선족 고유의 전통문화를 발전시키는 데 사용하기 위한 건물이라는 말을 듣고 중국은 지금껏 내가 생각했던 것과 달리 생각되며 묘한 민족감정이 일어나는 것을 느꼈다.

우리 일행을 안내하는 가이드의 지인 집에서 식사할 기회가 있었다. 연길시 인근 시골이었는데 우리 전통 음식들과 함께 나온 닭요리를 먹으며 연변의 조선인들에게 동질 의식을 상당히 느낄 수 있었다.

그 후 중국 길림성 고속공로집단(길림성 고속도로를 관리하는 기업) 조선족자치주 관내에 있는 휴게소에 한국의 휴게시설 문화를 도입하고 싶다는 요청을 받았다. 연변 휴게소의 운영을 희망하는 한국의 업체와 휴게시설협회에 공동으로 운영권을 부여해 주겠다는 소선이었다.

그때 고속도로 휴게소를 관리하는 한국도로공사 휴게시설운영실장의 위치에 있던 나는 중국 진출 휴게소의 운영을 희망하는 회원사와 함께 중국 시장과 현황을 같이 검토했다. 예상 매출액도 산정하고, 계약조건(계약기간, 임대 요율 등)을 검토하며, 운영 초기에는 매출액이 저조할 것에 대한 대안도 검토했다.

운영 초기의 적자는 길림성 지역의 농산물, 특히 감자, 옥수수 등을 수입해 고속도로 휴게소에 공급해서 어느 정도의 적자를 보전할 수 있을 것으로 판단했다. 5년간 운영권을 주겠다고 하는 중국 측에 초기 운영 적자 보전이 필요하다는 이유를 설명하고 운영권을 15년간 보장해 줄 것을 제시했다.

당시는 2012년이었고, 향후 15년이 지나는 2026~2027년경 즈음 한반도는 어떤 형태로든 통일에 버금가는 획기적인 경제 통합이나 체제의 변화가 반드시 있을 것으로 예상하고 15년간 운영할 수 있도록 요청한 것이다.

중국 시장을 검토하며 북한의 '나진선봉지구' 개발이 진척되고 있고, 통일한국 이후 이곳 고속도로는 중국 내륙의 3개 성을 연결하는 중요 물류 이동 노선으로서 상상할 수 없을 만큼의 큰 가치가 있을 것이라는 그림이 그려졌다. 당연히 중국에 진출해 휴게소를 운영하는 것이 필요하다는 결론을 얻었다. 운영을 희망하는 업체들도 대부분 긍정적인 생각을 하고 있었다.

한국의 고속도로 휴게소들도 처음 고속도로가 개통된 70년대 초에는 차량도 적고 손님이 없어 어려움이 많았던 시절이 있었다. 차가 들어오면 전 직원들이 나가서 인사를 할 정도로 손님이 귀했다. 그러나 70년대 후반부터 차량이 많아지고 매출이 늘어나기 시작했으며 경제 성장과 더불어 80년대에는 폭발적으로 성장해 현재는 휴게소 운영은 매우 수익성이 있는 사업이라고 누구나 인식할 정도다. 중국도 그런 과정을 거칠 것으로 생각하여 현재 운영 중인 중국 고속도로 휴게소의 상황을 점검해 보기로 했다.

'장길도고속공로'의 휴게소를 돌아보았다. 오래전 개설되어 운영 중인 휴게소는 건물의 배치구조가 우리와는 다르고 청소 상태는 불량했다. 메뉴는 단조롭고 우리가 생각했던 휴게소 모습과 차이가 컸다. 위생 청결 상태가 불량한 것은 물론 화장실을 살펴보며 깜짝 놀랄 수밖에 없었다. 화장실에는 개별 칸마다 문이 없고 열린 공간이었다. 용변 중인 사람들의 머리가 다 보이는 것이었다. 불결함과 냄새와 상상할 수 없는 광경에 너무 놀라지 않을 수 없었다.

또 다른 한곳 '교하휴게소'는 고속도로 개통과 동시에 개설한 곳으로 시설은 양호하였으나 휴게소라기보다는 우리나라의 먹자골목처럼 10여 개의 식당을 운영 중이었다. 우리 고속도로 휴게소와는 달리 주류 판매가 허용되고 있었다.

일명 물고기 휴게소라고 불리는 교하휴게소의 음식은 생선이 주메뉴였다. 근처에 큰 호수가 있어 생선 공급이 가능하기 때문인 듯했다. 점심시간에는 고급 차들이 많이 찾아왔고 휴게소는 성업 중이었다.

휴게소 인근에 철제 기둥이 세워진 큰 유리 건물이 있었다. 건물 안에서 축구해도 될 정도로 크기가 엄청난 규모였다. 거기에 식물원을 만들 계획을 세우고 있었다. 중국은 규모 면에서 대국답게 우리와 너무나 차이가 컸다. 2002년경에 중국 서안에서 본 진시황의 '병마총' 개발 현장이 떠올랐다. 개발 중인 병마총 현장 전체 천정을 덮은 건물을 보고 놀랐던 기억이 있다. 중국은 늘 규모로 우리를 놀라게 만든다.

중국 진출을 희망하는 한국 휴게소 운영사의 신청을 받았다. 중국에 한국의 휴게소가 세워지는 것은 휴게소의 선진문화를 해외에 수출하는 첫 사례고, 특히 우리 동족이 있는 조선족자치주 구간이었기에 때문에 중국 진출을 희망하는 몇몇 업체들의 계약을 추진했다.

물론 해외 계약이어서 중국 전문 변호사의 법률 검토와 도움을 받았다.

계약이 체결되기까지 한국도로공사와 중국 길림성 고속공로집단 사이에 먼저 업무협약(MOU)이 체결되었고 연길휴게소, 안도휴게소, 황니허휴게소와 도문휴게소 등 총 8개 휴게소를 차례로 오픈했다.

중국에 머무는 일정 중간에 백두산(중국에서는 장백산이라고 함) 천지를 가볼 기회가 있었다. 우리 일행은 여간해서는 보기 힘들다는 백두산 천지를 온전하게 보는 행운을 얻었다. 백두산과 천지의 위풍과 자태는 장엄했다. 바람처럼 사라지는 운무 속에서 본 천지의 푸른 쪽빛 물결은 너무나 인상 깊었다.

적어도 천 년 이상 이 모습 이대로 지내왔을 것이고, 그간 우리나라의 수많은 흥망성쇠 역경의 역사를 소리 없이 지켜본 민족의 영산이었다. 민족의 뿌리라고 할 수 있는 백두산을 다른 나라를 통해서 가야 한다는 사실이 안타까웠다.

연변과 접하고 있는 북한 두만강 지역도 둘러보았다. 눈앞에 보이는 북한의 모습은 우리 옛날 시골의 민둥산과 허름한 가옥들을 닮았다. 생기 없어 보이는 사람들도 멀리 바라볼 수 있었다. 2005년 말에 노사합동 연수 시 연변을 방문한 적이 있었는데 그때의 기억이 머리를 스쳤다.

북한과 접한 중국 끝자락은 겨울이라 개울이 얼어 있었다. 안내요원이 개울가 끝이 북한 땅이라고 하면서 개울가 끝에 발을 대보고 오라고 했다. 일행 모두가 가서 개울가 언덕에 한 걸음씩 발을 대고 돌아왔다. 분단의 비극이 하루빨리 해소되어 우리 땅, 우리 길, 우리 산으로 천지를 보는 날이 언제일까? 마음속으로 그리며 발길을 돌렸다.

중국에 휴게소를 오픈하고 운영하면서 '연길휴게소'는 2012년에 중국 전체 고속도로 검사에서 '우수 복무구'로 선정되었다. 중국에서는 휴게소를 '복무구'라고 한다. 연길휴게소는 2013년에도 '길림성 고속공로공사'로부터 '우수 복무구'로 선정되었고, 2014년에는 중국 중앙정부의 장관급 인사가 방문해 격려하기도 했다.

고위 공무원이 휴게소를 방문하는 것은 매우 이례적인 일이라고 했다. 이후로도 중국 전국의 성에서 많은 지도층이 방문해 칭찬과 격려를 보냈다. 중국의 다른 성에서도 교통량이 양호한 휴게소 운영권을 줄 테니 협의해 보자고 요청해 왔다.

또 우리나라 KBS와 같은 중국 CCTV에서 한국의 고속도로 휴게소를 두 번이나 소개했다. 이런 일은 흔치 않은 일이라고 한다. 휴게

중국 장길고속공로의 '연길휴게소'는 한국 고속도로 휴게소의 해외 진출 1호 휴게소다. 우수휴게소로 중국 공영방송인 CCTV에 두번이나 소개되었다.

소 관리자로서 나도 인터뷰한 적이 있지만, 그 저변에는 우리 중국 휴게소가 많은 역할을 했다고 생각한다.

앞으로도 해외 여러 곳에 우리나라의 선진화된 휴게소가 진출하면 좋겠다는 소망과 바람이 있다. 대한민국이 선진국으로 성장하기 위해서는 한국 문화를 알리고 전파할 수 있는 터전을 만들어야 한다고 생각한다.

지금은 중국 휴게소가 손익분기점 근처에 있으나 잔여기간 동안 더 발전시킨다면 충분히 손익을 맞출 수 있을 것이고 향후 우리나라의 휴게 문화를 수출하는 시금석으로 삼는다면 그 가치 또한 클 것으로 생각한다.

실크로드를 선점할 기회가 찾아오다

도로공사의 휴게시설처장으로 근무하고 있던 2011년도의 일이다. 경부고속도로의 죽전휴게소에 우즈베키스탄에서 손님들이 왔다고 휴게시설협회에서 안내를 부탁받았다. 현장에 나가 보니 우즈베키스탄의 관리자 두 분과 한국인 안내자가 있었다.

한국 휴게시설협회를 찾은 것은 한국의 휴게소 운영이 매우 안정적으로 운영되고 있어, 우즈베키스탄에 한국 휴게소의 시스템을 도입해 운영하는 것을 협의하고 싶어서였다. 성실하게 한국 휴게소를 설명하고 안내해 주었다.

한국 방문을 마치고 돌아간 얼마 후 휴게시설협회로 우즈베키스탄 현지에 협회 및 도로공사의 관계자를 초청하겠다는 연락이 왔다. 2011년 여름, 휴게소 관련자들과 도로공사 일행 8명은 다섯 시간 남짓 비행한 후 난생처음으로 우즈베키스탄의 수도인 타슈켄트에 도착했다.

날씨는 더운데 제대로 된 에어컨도 없는 공항의 입국 검사 부스에는 백여 명 이상이 길게 늘어서서 입국심사를 기다리고 있었지만 입국심사 담당자는 근처 다른 부스에서 먼 산만 바라보고 있었다. 기다리는 입국자들의 불편 따위는 안중에도 없었다.

여행사를 통해 급행료를 주면 즉각 입국심사를 해준다고 했다. 불합리한 후진국의 실태를 실감할 수 있었다. 우리나라도 한때는 이러했을 것이라는 생각이 들었다. 그러나 이제 한국의 인천공항은 수년째 세계 1위 공항으로 선정되고 있으니 대한민국의 국민으로서 자부심을 느꼈다.

버스로 이동 중에는 교통경찰관이 수시로 버스를 세워 트집을 잡았다. 우리나라도 한때는 저런 모습이었지 하는 생각에 웃음이 났다. 오래전 교통 법규 위반으로 경찰에게 적발되면 운전면허증을 제시하며 운전면허증 뒤에 만 원이나 오천 원을 끼워 주던 시절이 생각났다.

숙소에 짐을 풀고 하룻밤을 묵고 이튿날 호텔 주위를 둘러보았다. 수도의 중심가였으나 우리나라 지방 중소도시 수준이었다. 우즈베키스탄에서 일을 보던 중 한국대사관을 방문했다. 대사님께서는 친절하게 안내하며 우즈베키스탄과 관련된 많은 정보를 주었다.

그때 들은 정보와 그 후 안내요원과 여행사 등에서 들은 정보를 종합해 보면 이곳에서 우리 기업들이 얻을 수 있는 것들이 무엇인지 알 수 있었다. 우즈베키스탄은 주식이 양고기여서 양을 많이 사육하고 있는데 양피를 그대로 버리는 경우가 대부분이라고 했다. 양피가 매우 흔해서 마리당 가격이 우리 돈으로 500원 정도에 불과했다. 양피를 수집해서 중국에 보내 1차 가공을 해서 한국에 들여오면 수익성이 높은 사업이 될 수 있을 것 같았다.

또 우즈베키스탄은 그 당시 냉동 창고가 없었다. 여름철 과일을 냉동 시설에 보관했다가 겨울철에 유통하면 큰 수익이 가능할 것 같았다. 우즈베키스탄은 일조량이 풍부해 과일 맛이 아주 뛰어난 곳이다. 그리고 택시도 없었다. 택시가 필요하면 일반 승용차들과 가격을 흥정해 출퇴근이나 기타 이동 수단으로 삼고 있었다.

구소련 붕괴 후 고속버스 노선도 없어져 큰 터미널이 빈 건물로 방치되는 실정이었다. 우리나라 운수업체에서 한국의 중고 버스로 수도인 타슈켄트에서 제2수도인 사마르칸트(우리의 부산에 해당. 거리도 약 400km)까지 고속버스 노선을 개설해 운행했는데 제법 이용객이 많았다.

또 한국의 대우자동차에서 우즈베키스탄에 자동차 조립공장을 건설한 이후 거리에 돌아다니는 자동차들 대부분이 대우자동차였다. 아직도 우즈베키스탄에는 대우의 인지도가 높고 대우자동차의 마티즈가 많이 운행 중이다. 대우의 투자 덕분에 우즈베키스탄 정부에서 대통령궁 인근 부지를 대우에게 기증했고, 대우에서 다시 한국 정부에 그 부지를 기증해 한국대사관을 건립했다.

구소련으로부터 독립했지만, 당시 우즈베키스탄에는 공장이 거의 없었다. 경비행기 조립공장, 자동차 조립공장, 목화 추출공장 등 손에 꼽을 정도였다. 국민 대부분이 1차 산업에 종사하고 있었고 천연자원이 풍부했다. 특히 땅에 파이프만 꽂으면 가스가 나온다고 할 정도로 가스 매장량이 많아서 한국의 중견기업들이 사업 아이템을 찾는다면 무궁무진한 개발 소지가 있어 보였다.

또 하나 인상적이었던 것은 화폐가치가 낮아서 작은 물건 하나를 사도 지폐를 다발로 주어야 하는 형편이었다. 해서 돈을 비닐봉지에 담아 한 자루씩 메고 다니고, 몇 명이 먹은 음식값을 내면 지폐 계수기를 사용해야 한다. 식당이나 영업점은 지폐 세는 기계를 다 가지고 있었다.

틈을 내어 톈산산맥 줄기의 일부인 고산지대 만년설이 있는 곳을 보러 갔다. 입장료를 내려면 돈을 몇 뭉치나 꺼내 주어야 했다. 유원지에 다양한 놀이시설은 없었으나 케이블카가 설치되어 있어, 타고 올라가 주변 경관을 감상했다. 이곳은 고산지대 만년설이 녹아 흐르는 물이 있어 농경지와 과일 경작이 가능하지만 아열대기후라 강수량은 그리 많지 않아 물이 부족한 상태였다.

우즈베키스탄을 돌아보고 귀국한 뒤 한 번 더 방문할 기회가 주어졌다. 우리나라의 경기도 정도에 해당하는 '실다리아주'와 도로공사와 휴게시설협회 간에 MOU를 체결하기 위한 방문이었다. 실다리아주와 휴게시설협회와 도로공사 간의 MOU를 체결하고 휴게소 설치 예정 지역을 둘러보았다.

휴게소 설치 예정 지역은 수도인 타슈켄트에서 제2 도시인 사마르칸트를 연결하는 도로 중간지점에 자리 잡고 있었다. 우리나라의 추풍령휴게소 정도로 생각하면 된다. 교통량은 하루 2만 대 정도이며, 고속도로라고 하기보다는 우리나라 국도 수준이었고 고속도로 구간에 휴게소가 없었다.

다만 도로 근처 마을 인근 식당에서 휴게소 역할을 대신하며 음식을 팔고 화장실은 별도로 사용 요금을 받는 이상하고 특이한 상황이었다. 고속도도로 진입 전에 주유소가 있었다. 주유소에는 차들이 30여 대 줄을 서서 대기하고 있는 것이 보였다.

주유소는 매출에 대해서 낙관할 수 있다는 생각이 들었다. 그러나 그 국가의 제도나 도로 이용 실태와 풍습 등의 관련 여건과 소득 수준과 성장률 등의 직접 여건을 세부적으로 파악하고 검토해야 휴게소 운영 전망을 할 수 있는 일이다.

다른 여건을 파악하기 위해 사마르칸트도 돌아보았다. 한국 유학생의 안내로 시내를 관광 삼아 둘러보았다. 사마르칸트는 옛날 우즈베키스탄이 강성하던 시절 수도였던 곳이다. 예전에는 도시가 광대했다고 하는데 당시에는 많이 축소된 상태였다. 사마르칸트의 재미있는 일화도 알게 되었다.

역사적으로 이곳에 '티무르'라는 유명한 장군이 있었는데 우리나라의 이순신 장군과 같은 인물이다. 전쟁에서 언제나 승리했다는 티무르 장군은 100선 100승을 거둔 무적의 장수였다고 한다. 전쟁에서 승리할 때마다 전리품과 함께 승전한 곳의 문물을 가져와, 장군이 통치하던 시절 도시는 크게 번성하였다.

시마르칸트에 장군의 묘가 있었다. 구소련의 통치를 받던 시절 스탈린은 장군의 무덤을 모스크바로 이장했다. 장군의 무덤이 모스크바로 옮겨진 이후로 소련은 독일의 침공을 받아 계속 연패하며 모스크바까지 위험한 상황에 이르렀다. 위기의 소련이 장군의 무덤을 사마르칸트로 다시 옮겼다. 상상하는 대로 독일군은 모스크바에서 철군했다. 사마르칸트에서는 장군의 영험함이라고 하지만 역사적으로는 극심한 추위 때문에 독일군이 철군한 것으로 분석했다.

휴게소 건설에 대한 MOU 체결 후 우즈베키스탄의 휴게소 운영을 희망하는 휴게시설협회 회원사들의 투자로 건물을 짓기로 했다. 향후 50년간 운영권을 가지며, 만 평의 토지에 대해서 우리나라의 재산세 정도의 세금만 부담하는 조건으로 계약했다. 건설비로 약 50억 원의 투자비를 모았다.

건물 설계를 추진하고 대사관 및 현지 업체들의 적극적 협조와 도움으로 2012년 12월에 한국 휴게소 기공식을 하며, 실크로드에 우리나라의 휴게소가 진출하는 첫 신호탄을 쏘아 올렸다.

그러나 그 과정에서 도로공사가 휴게소 업체들의 기부금을 받아 해외에 휴게소를 건설한다는 기사가 주요 일간지에 보도되며 어려움이 생겼다.

또한 휴게시설협회에서 주관해 산정했던 건축비가 처음 계획했던 예산보다 많이 소요되었다. 또한 국내의 법과 제도 미비와 그로 인한 세금과 은행거래의 불확실성 등으로 우즈베키스탄의 한국 휴게소 건설 사업은 운영사의 투자비를 다시 환급해 주고 무산되었다.

지난 일이지만 우즈베키스탄 진출 무산은 지금 생각해도 아쉽다.

우리나라의 중견기업이 그 휴게소를 발판으로 주위 여건을 면밀하게 분석해 관련 사업을 시작한다면 큰 부가가치를 창출할 수 있는 절호의 기회를 놓친 것 같아 큰 아쉬움이 남아 있다. 향후 다시 이런 기회가 온다면 국가적으로 주저하지 말고 추진해야 할 것이다.

휴게 문화의 해외 진출은 수익성도 보장되어야 하지만 휴게 문화 수출이라는 큰 틀 속에 K-POP과 전자제품, 자동차 등을 효과적으로 홍보하는 산업 전진기지 역할을 할 수 있기 때문이다.

우즈베키스탄의 한국 휴게소 업무 추진 과정에서 우즈베키스탄 고려인 1세대를 도로공사에서 한국으로 초청했다. 어려서 부모 등에 업혀서 사할린에 갔다가 우즈베키스탄으로 강제로 이주당해 살고 있던 고려인 후예들이었다.

방문단의 회장 격인 할머니와 대화할 기회가 있었다. 현지에서 교장을 하셨던 분으로 퇴직하고 대우자동차 우즈베키스탄 공장에 두부를 공급하는 분이었다.

그분의 말이 지금도 귀에 쟁쟁하다. "우즈베키스탄에 한국 휴게소를 꼭 건립해 고려인 후손들이 그곳에서 근무하는 날을 손꼽아 기다리겠다."라며 눈물을 글썽이던 모습이 눈에 선하다. 그 뒤 이런저런 이유로 휴게소 건립이 좌절되어 미안함과 아쉬움으로 마음이 아프다.

2014년 말쯤의 일이다. 사우디아라비아에서 한국의 고속도로 휴게소 관리 실태에 대해 브리핑을 해줄 수 있겠느냐는 요청이 왔다. 사우니아라비아 관계자들이 한국을 찾아왔고, 인터콘티넨탈호텔에서 휴게소 관리 현황을 설명했다.

　일행 중 카쇼기 그룹의 부회장이 한국 휴게소의 화장실 관리 현황을 칭찬하면서 사우디아라비아에서 교통량이 많은 휴게소의 운영권을 주면 한국의 휴게소 화장실처럼 관리할 수 있겠느냐고 물었다. 한국 휴게시설협회 회원사들과 논의를 한 후 희망자가 있으면 답변을 드리겠다고 약속했다.

　한국이라는 작은 나라가 고속도로 휴게소 운영에 정성을 기울인 결과 세계 각국에서 협조를 구하는 상황을 만들어 냈다. 힘이 들더라도 꾸준히 개선하고 개혁한다면 비록 시간이 걸리더라도 세계적으로 인정을 받게 되고 해외에서 벤치마킹하려는 대상이 된다는 것을 확인하는 순간이었다.

　이처럼 한국 휴게소는 세계 속에 그 위상을 확실하게 드높이고 있다. 선진 미국과 독일은 물론 일본을 비롯해 아랍과 북유럽까지 우리 휴게소의 운영시스템을 배우고 도입하려고 한다. 단순히 자랑스러운 일만이 아니다. 휴게소 운영시스템은 IT 강국 한국의 수출 아이템이 될 수 있는 자원이다. 잘 관리하고 발전시켜 한국의 문화 상품으로 발전시켜 나갈 수 있기를 소망한다.

고속도로 휴게소 운영 평가 제도

　휴게소는 고속도로의 중심이다. 많은 사람이 이용하고 있는 휴게소는 일 년에 약 6억 명이 방문하고 있다. 일별로 계산하면 하루 180만 명 이상이 휴게소를 이용한다. 주말이나 명절 연휴, 휴가철의 휴게소는 방문객들로 발 디딜 틈이 없다.

　고속도로 휴게소는 대부분 한국도로공사가 소유하고 민간 업체에 운영을 위탁하고 있다. 관리 감독을 도로공사에서 하는 이유는 휴게소가 공공의 시설로서 기대하는 사회적 기능과 역할 때문이다. 도로공사는 휴게소 관리 감독의 원칙과 기준을 정한 휴게소 평가제도를 통해 휴게소를 관리 감독한다.

　평가제도는 휴게소가 공공시설로서 이용객의 편익 제고와 화장실과 주차장 등 비수익 시설의 관리를 소홀히 하고 수익성 확보에만 치중하는 것을 방지하기 위한 제도다. 휴게소 평가제도는 휴게소 운영사들의 경쟁을 유도해 서비스와 품질 개선을 자연스럽게 도모하는 효과를 가져온다.

다양한 방법으로 시행하는 평가제도로 인해 휴게시설의 시설 개선과 서비스 및 비수익 시설에 많은 개선이 이루어진 것은 부인할 수 없는 사실이다. 고속도로 휴게소는 일반적으로 운영권을 5년 단위로 입찰을 통해 운영권자를 선정한다.

주어진 5년 동안 운영권은 보장되지만 휴게소 운영은 1년 단위로 도로공사에서 운영 서비스를 꼼꼼하게 평가한다. 그리고 5년간의 평가 결과는 계약 만료 시 재계약에 결정적 영향을 미친다. 일정 수준 이상의 평가를 얻은 업체만 계약기간 연장 등 혜택을 부여하고 하위 20%는 자동 탈락하는 고배를 마신다.

지금의 평가제도는 휴게시설의 민영화 입찰이 시작된 1995년부터 시행됐으니 오랫동안 유지해 온 시스템이다. 평가제도 시행 이후 이용객의 편익이 증가해 민원이 많이 줄었다. 우리의 휴게소 관리 시스템이 해외에서 벤치마킹할 정도의 성과를 이룬 것은 모두 평가제도를 통해 휴게소를 적절하게 관리 감독한 결과라고 생각한다.

평가제도는 서비스와 위생 문제뿐 아니라 가격에도 영향을 미친다. 휴게소의 위치는 판매자와 소비자가 만드는 공정한 시장은 아니다. 원칙적으로 휴게소의 판매자는 담배 등 특정 제품 제외하고 자율적으로 판매 가격을 결정해 판매할 수 있다.

휴게소는 고속도로에서 선택적 우위를 점한 판매자가 정한 가격을 소비자는 따를 수밖에 없는 구조에 놓여있다. 고속도로 휴게소나

유원지 같은 곳은 완전 경쟁시장이 아니므로 자율에 맡기면 판매자가 가격을 높게 책정해서 초과 수익을 판매자가 독점하더라도 소비자는 구매할 수밖에 없는 결과가 초래된다. 이런 구조 속에서 소비자의 구매 만족을 위한 적절한 가격과 서비스와 품질 유지를 위한 노력이 요구된다.

이용객의 만족도는 도로공사로서는 매우 중요한 항목이다. 고속도로는 통행료를 납부하는 유료도로이기 때문에 이용자는 일정 수준 이상을 기대한다. 이용료를 납부한 소비자는 도로 이용의 효용성을 단순히 도로를 이용하는 것에 국한하지 않는다. 유료도로 이용의 만족도는 자동차 주행뿐 아니라 고속도로 톨게이트를 빠져나갈 때까지 시설 전체의 만족도가 이용 요금의 가치로 인정받기 때문이다.

도로 시설보다 휴게시설을 이용하면서 얻는 만족이 도로 이용의 만족도에 더 큰 영향을 미치게 되는 이유다. 휴게시설 이용의 만족과 불만족 정도가 도로 이용에 대한 만족도로 귀결되기 때문에 도로를 관리하는 도로공사의 이미지에 매우 큰 영향을 미친다.

도로공사의 평가제도는 오랫동안 검증과 개선을 통해 공정성, 객관성, 투명성이라는 3대 원칙을 만족시키는 제도로 발전을 거듭해 왔다. 평가제도는 휴게소의 관리에 매우 효과적이고 좋은 서비스와 시설의 유지는 휴게소의 매출 신상에도 영향을 준다.

휴게소의 직접적 관리기관은 도로공사지만 지방자치단체, 식약청 등에서도 휴게소 관리에 일정 부분 역할을 하고 있다. 그밖에 국토해양부, 감사원, 국회, 총리실, 각종 언론매체 등 다양한 곳에서 다양하고 효율적인 관리가 이루어진다. 평가의 공정성과 신뢰를 위해 도로공사의 휴게소 평가는 일 년에 수백 차례의 지도 점검을 한다.

한 휴게소당 수십 번씩 평가가 이루어지는 셈이다. 이밖에 1년 내내 상시 시행하는 모니터링 제도도 서비스 개선과 이용객의 불편 사항 해소에 큰 역할을 한다. 어떤 면에서 휴게소 운영 평가는 도로공사의 휴게시설 관리와 운영의 시작이자 끝이다. 모든 것은 평가를 통해 이루어지고 제도가 완성되기 때문이다.

휴게시설 '운영 서비스 평가'는 시설 간 자율경쟁을 통해 상품의 질과 서비스 수준 향상을 위해 매년 시행하는 제도다. 그 결과가 계약 만료 시 계약연장, 계약배제 등에 적용하므로 휴게시설 업체는 모든 역량을 집중해 평가에 대비한다. 이 제도는 휴게시설을 민영화하면서 정부의 지침에 따라 도입한 제도로, 한국 휴게시설의 현대화와 서비스 개선에 크게 기여했다.

본사와 본부는 외부 소비자단체 등에서 평가에 직접 참여하고 교차 평가를 시행해 평가 왜곡 현상을 방지하고 있으며, 도로공사 지사를 통해서도 교차 평가를 시행 한다. 평가 결과는 임대, 민자, 임시시설로 구분해 총점 기준으로 순위 비율에 따라 평가 등급을 부여하는 상대 평가제를 시행하고 있다.

좋은 평가를 얻으면 포상과 계약 만료 시 재계약의 혜택이 있지만 운영 평가 결과 부진 시설은 계약 만료 전이라도 중도 해지되기도 한다. 휴게소 운영사들은 '운영 서비스 평가'에 매우 민감할 수밖에 없다.

따라서 평가는 객관성과 공정성이 담보되지 않으면 문제가 유발

될 수밖에 없어서 신뢰성 확보를 위해 도로공사는 외부의 소비자단체, 관련 단체, 변호사 등을 포함한 '평가심의 위원회'를 개최하며 심층적 심의 절차를 거친다.

도로공사는 이와 별도로 감점과 가점제도를 도입해 휴게시설 평가가 합리적 역할에 따라 평가되도록 하고 있다. 휴게소 운영권의 유지는 평가 결과로 결정되기 때문에 휴게소의 운영 평가는 절대적이다. 운영회사들이 평가에 매우 민감하고 많은 역량을 집중하는 이유다.

도로공사는 평가 결과에 대해 이의제기 제도를 도입해 휴게소 운영사에 소명의 기회를 부여하고 있다. '엄격한 제도 운용'과 '공정한 기회 부여'가 고속도로 휴게소 운영 평가 제도의 양대 축을 형성하고 있어, 한국의 휴게소는 발전하고 이용객은 더 나은 서비스를 기대할 수 있다. 여행하면서 만나는 휴게소들이 더 '머무르고 싶고 다시 찾고 싶은 휴게소'로 확실하게 차별화되고 더 발전하기를 기대한다.

고속도로 휴게소의 화장실 혁신 효과

　1999년 '2002 한일월드컵'을 계기로 단행된 고속도로 휴게소 혁명의 핵심 사업이었던 화장실 개선 사업은 민간 차원에서는 어려운 일이어서 공기업에서 선도해 사회 공중 시설 이용 질서 함양과 화장실 문화개선에 선도적인 역할을 한 사업이었다.
　휴게소 화장실 혁신은 세계로 확산하는 한류 문화의 한 축으로도 자리매김할 수 있을 것이라는 확신과 큰 관심으로 업무를 추진했다. 업무를 추진했던 담당자로서 화장실 개선 사업 성과와 기대효과를 반추해 본다.

　지난 1999년에 단행한 화장실 개선 사업 당시의 추진 상황을 회고해 보면 처음엔 반대도 많았다. 화장실은 불결하고 더러운 곳이라는 선입견이 있던 시절 철저한 추진 대책을 수립하고 홍보 대책도 만들면서 어렵게 휴게소 운영업체들의 동의를 받아 휴게소 화장실 개선 사업을 추진했다.

화장실에 꽃과 그림이 있고 음악이 흐르고 향기가 나도록 해 더 머무르고 싶고 다시 찾고 싶은 고속도로 휴게소가 되도록 만들기 위해 큰 노력을 기울였다. 후일담이지만 1999년 화장실 공사에 참여한 업체들은 휴게소뿐 아니라 시중 대기업들로부터 화장실 공사 수주가 많이 들어와 매출이 크게 늘었다고 한다. 실제로 그때 많은 곳에서 도로공사에 특정 휴게소 화장실 공사를 어디서 했냐고 문의를 오는 사례가 많았다.

화장실 개선 업무를 완료하고 얼마 뒤 프레스센터에서 '공중화장실 문화개선'에 대한 토론회가 있었다. 도로공사에서도 휴게소 화장실 개선 업무 추진 사항을 발표하기 위해 참여했다. 당시 우리나라 대학에 교수로 재직 중이던 일본인 교수의 사례 발표가 있었.

발표의 요지는 일본 대학생(학생 규모는 명확하지 않으나 100여 명 수준으로 기억)들의 한국 연수 후 설문조사 내용이었다. 일본 대학생들의 설문조사 결과 일본 휴게소의 화장실 수준이 한국 휴게소의 화장실 수준보다 떨어진다는 결과였다.

처음 화장실 개선 업무를 추진하던 1990년대 말에는 2002년 한일월드컵 시에 일본과 한국이 비교될 경우, 한국이 일본에 비해 뒤떨어질 것을 염려해 준비한 것인데 일본의 휴게소 화장실이 한국에 비해 뒤진다는 발표는 화장실 개선 사업 업무를 추진한 담당자로서 상당한 자부심과 보람을 느꼈다.

10년이 지난 2012년에 모범공무원으로 선정이 되어 일주일간 호주로 연수를 갔다. 호주 시드니 어느 공원 화장실을 이용하였는데 화장실에 한국인 여행객 몇 명이 화장실로 들어왔다. 화장실은 그리 깨끗한 편은 아니고 냄새도 좀 나는 그런 일반적인 화장실이었다.

한국 여행객 중 한 사람이 "호주 화장실을 관리하는 사람들은 한국의 고속도로 휴게소 화장실을 좀 본받아야 한다."라고 자랑스럽게 일행들과 대화를 나누었다. 내심 그 말의 행간에는 호주는 우리나라의 공중화장실 시설 수준에 미치지 못한다는 것으로 들렸다.

화장실 개선 업무를 추진한 지 10여 년이 지나는 시기였는데 아직도 이용 국민의 마음속에 이런 자부심이 남아 있다는 것을 확인하며 또 한 번 보람을 느끼던 순간이었다. 화장실 문화가 국민의 자긍심을 높이고 국격(國格)까지 높인다는 생각에 공중 시설의 개선이 얼마나 중요한 것인지 절감하게 되었다.

'2002 한일월드컵'을 대비해 추진한 1999년도의 화장실 개선은 2016년, 15년 이상 지나며, 시설이 노후화되었다. 또한 관리 의지가 일부 약해진 것도 사실이다. 일부 시설은 국민 의식 수준에 한참 미치지 못하는 이용하기 불편하고 불결한 시설도 있었다.

도로공사는 논의 절차를 거쳐 2016년 사업을 시행하게 되었다. 일정 부분의 예산이 필요하지만 자금은 휴게소를 운영하는 운영사에서 부담해 시행했다. 휴게소의 자금 부담은 시설 개선으로 고객을 더 많이 유치하기 위한 자율경쟁의 일환이었다.

휴게소 화장실 개선 사업은 전국 휴게소를 대상으로 시행하는 사업이라 많은 휴게소 중 일부에서 투자비 부담 등에 따른 반대 여론도 있었다. 하지만 치밀한 준비와 도로공사의 확고한 의지로 공사 추진에 나타날 문제점들을 사전에 파악하고 대책을 수립해 순조롭게 모든 공사를 끝냈다.

2016년 7월, 망향휴게소에서 화장실 개선 공사를 끝내고 준공 오픈 행사가 있었다. 호텔 화장실 수준 이상의 시설과 안내표지, 사용자 표지, 여성 위생대 보관함, 넓은 전실과 통풍, 시야가 확보되도록 뒷벽을 개방해 화단으로 만든 공간, 상상하고 기대하던 것 이상이었다. 유명 디자이너가 설계한 실내장식에 담긴 의미를 들으며 감탄사가 나왔다. 화장실을 직접 이용해 보니 대우받는 느낌이었다.

휴게소 화장실 개선 공사가 반 정도 진행될 시점에 현장에 추진 사항을 점검하고 미진한 시설은 독려할 예정으로 갔던 출장길에서 있었던 일이다. 경부선을 따라 호남선의 진영휴게소를 들러서 화장실 소변기에 용무를 보고 있는데 친구로 보이는 두 사람의 대화를 듣게 되었다. 그 두 사람은 화장실에서 용무를 보면서 속된 표현으로 대뜸 "이놈들 요즘 왜 이래." 하는 것이었다. 나란히 서서 볼일을 본 친구가 "아니야 여기만 그런 게 아니고 다른 곳도 다 이래." 하는 대화를 들었다.

휴게소 이용 고객들이 예전에 비해 확 달라진 분위기에 많은 것을 느끼고 있다는 생각에 내심 흐뭇했다. 휴게소 화장실 문화가 변하고 달라진다는 것은 휴게소뿐 아니라 사회 다른 곳의 화장실 문화에도 많은 영향을 미칠 수 있겠다는 생각이 들었다. 휴게소의 변화는 많은 사람이 이용하면서 사회 전체가 한 단계 수준이 상승하는 역할을 할 것이라는 확신이 들었다.

'2016 화장실 개선 사업'으로 전국 대부분의 고속도로 휴게소 화장실은 각각의 다양한 주제를 도입해 차별화되었다. 화장실 개선은 휴게소 전체의 수준이 한 단계 올라선 것처럼 느껴진다. 언론은 물론 내국인 이용객뿐 아니라 외국인들에게도 한국 고속도로 휴게소는 대단한 반향을 일으켰다. 국가시설인 휴게소를 선진화해 국민이 긍지를 느낄 수 있다면 국민 모두 박수를 보낼 것이고 국민은 외국에 나가서 그곳의 화장실과 국내의 휴게소 화장실을 비교하면서 자긍심을 가질 수 있다고 믿어 의심치 않는다.

고속도로 휴게소 화장실을 호텔 수준으로 혁신하는 것은 이용 국민에게 편익을 제고하고 세계 최고 수준의 휴게시설로 개선해 선진국으로 진입하기 위한 기능에 일부분이라도 이바지하는 역할을 담당하려는 노력이었다. 연구기관의 결과에 의하면 2조 원 이상의 만족 가치를 느낀다는 연구 결과가 있다.

또 연간 6억 명 이상의 내국인과 천만 명 이상의 외국인들이 이용하는 휴게소 화장실 개선 사업으로 얻어지는 경제 외적인 효과는 금전적으로 산정하기는 어려운 일이다. 그리고 이 효과는 아주 장기간에 걸쳐 국민에게 영향을 미칠 수 있어, 파급 효과 역시 단순하게 계산할 사안이 아니다.

우리나라 휴게소를 도입하고 싶어 하는 외국의 요청이 있는 실정에서 한류와 잘 연계한다면 우리가 핸드폰과 선박과 자동차를 수출하는 것처럼 수출 주요 품목에 휴게소가 추가될지도 모를 일이다. 그리고 문화와 유통이 동시에 가능한 휴게소의 외국 진출은 산업 전진기지 역할도 해낼 수 있을 것으로 기대한다.

퇴직 후에 여러 가지 창업에 도전하다

도로공사 퇴직 후에 가까운 선배의 요청으로 태국으로 여행을 갔다. 태국에서 여행 중 현직 경찰 간부를 만났는데, 경찰 서열 중 몇 손 몇 안에 드는 상당한 고위 인사였다. 가까운 선배가 먼 나라 태국에서 이런 고위층과 교분을 쌓아 반갑게 맞아주는 것이 참 대단하게 느껴졌다.

여행의 일행 중에는 한국 여행사 대표도 있었다. 이번 여행은 태국에서 외국 여행객을 대상으로 운영하는 사후면세점(TAX- REFUND) 견학을 위한 여행이었다. 태국의 여러 관광지를 방문했고, 이웃 나라 캄보디아 유적지도 둘러보면서 다양한 경험을 했다.

문제는 여행의 마지막 태국 방콕의 공항에서 발생했다. 경찰 간부와 저녁을 같이하고 귀국을 위해 방콕의 공항에 왔는데, 공항에서 출국수속 중에 선배가 갑자기 쓰러졌다.

선배는 컨디션이 안 좋은 듯 화장실을 찾았고, 나는 선배를 화장실에 안내하고 기다렸다. 화장실에 대기 줄이 좀 있었다. 화장실에서 나오는 선배를 보니 느낌이 이상해 "형님 병원에 갑시다." 하면서 돌아서 나오는데 선배가 맥없이 그냥 쓰러졌다.

바로 내 눈앞에서 일어난 일에 어찌해야 할지 허둥댈 수밖에 없었다. 누군가 가방에 약이 있다고 하는 말을 듣고 약을 찾는 도중 구급대가 도착했다. 바로 심폐소생술을 시행했지만, 깨어날 기미가 보이지 않았다. 병원(hospital), 병원(hospital)이라고 소리쳐서 병원으로 이송했으나 선배는 깨어나지 못했다.

우리 일행의 출국수속을 공항 경찰대에서 도와주고 있어서 비교적 신속하게 응급구조대가 왔음에도, 선배는 심장마비로 황망하게 세상을 하직했다. 조금 전까지 같이 식사하고 웃었는데 조금 상태가 안 좋다는 것은 느꼈지만 그렇게 세상을 떠난다는 것은 생각지 못한 일이었다. 인근 병원에서 경찰병원으로 이송하고, 태국에서 여행사를 하던 선배의 처남이 연락을 취해 유족(형수님과 누님)이 급하게 방콕으로 날아왔다.

갑자기 세상을 떠난 선배를 살려내지 못한 일행 모두는 미안한 마음이 커, 슬픔에 빠진 유족을 위로할 수도 없었다. 한국에서 장례를 치르겠다는 유족의 의견에 따라 태국 경찰은 선배를 운구하는 출국수속을 신속하게 도와주었다. 선배의 지인 태국 경찰 간부가 큰 힘이 되었다.

한국으로 돌아와 선배의 장례를 치렀다. 선배의 지인 태국 경찰 간부는 고맙게도 한국에 함께 와서 선배의 장례를 치르고 돌아갔다. 그때 태국은 시위로 정국이 매우 어수선했다. 그 경찰 간부는 시위 진압을 담당하는 책임자였는데 한국에 와서 선배의 마지막을 지켜본 두 분의 깊은 우정이 크게 느껴졌다. 선배의 죽음은 그렇게 정리가 되었다.

떠난 선배는 그즈음 여행사를 운영하고 싶어 했다. 태국 여행의 목적도 여행과 관련된 일을 찾아보려는 목적이 컸다. 태국을 함께 여행한 여행사 대표는 언론사 현직 국장으로 퇴직을 앞둔 분이었다. 그분께 돌아가신 선배가 평소 여행 관련 일을 하고 싶어 했으며, 유족에게 도움을 줄 방안도 함께 찾아보자고 요청했다. 그분은 흔쾌히 승낙했다.

그래서 만들어진 것이 청주공항 근처의 '사후면세점'이다. 당시 사후면세점은 고객 유치가 관건이었다. 동업으로 시작한 초정약수터 근처의 사후면세점은 시장성이 충분히 보장된 사업이었다. 태국 여행을 함께 한 여행사 대표가 유커(중국 여행객)를 한국에 많이 데리고 오는 여행사를 운영 중이어서 나는 사업 진행만 도와주면 된다고 생각했다. 그러나 형수님과 여행사 대표의 요청으로 동업을 했다. 땅 2천 평을 구입해, 건물을 짓고 인허가를 받고 준비하는데 1년 반 정도의 시간이 흘렀다.

중국인(조선족 일부) 20여 명과 필요 인력을 확보하고 순조롭게 영업 준비를 마치고 드디어 면세점을 오픈했다. 유커를 실은 관광버스가 하루에 많은 날은 60여 대가 들어오고 초기에는 매출도 나쁘지 않았다.

  그러나 좋은 일만 있을 수는 없는 법, 오픈하고 1년 정도 지난 시점에 사드 배치 문제로 중국과 관계가 소원해지고 유커의 발길이 줄었다. 그러다가 아예 중국 정부의 방침으로 단체관광이 불허되는 사태를 겪으면서 면세점은 문을 닫고 지금에 이르고 있다.

  자금도 많이 들어갔고 일부는 대출에 의존했기에 이자 감당하느라 지금도 부담되는 상황이다. 사업이 어렵다는 것을 직접 경험했다. 사후면세점 사업은 내게 운명적으로 다가온 사업이었다. 돌아가신 선배님 가족을 도우려고 시작한 이 사업은 지금 다시 그 상황이 되어도 나는 사업에 동참할 것이다.

  면세점 사업은 초기에 수억 원이 투자되었고, 이자와 원금 일부 상환으로 또 수억 원을 추가로 투자했다. 요즘 같은 고금리(13% 수준)에 한 번도 이자 납기 일을 어기지 않았고, 은행에 제공한 부동산 담보가 적은 것도 아닌데, 6개월 단위로 연장하면서 원금 상환을 독촉한다.

  사업은 절대로 은행 돈으로 하면 안 된다는 진리를 절실히 실감하고 있으나, 엎질러진 물이고 지나간 버스라 오롯이 내가 감당해야 하는 상황이다. 사후면세점 사업이 본궤도에 오르지 않아 중국과 일본, 이란 여행사업을 몇 차례 시도했지만 성과가 없어 정리했다.

  고금리 상황은 지금도 계속되고 있으나 다행히 면세점을 공장으로 대여하면서 이자를 해결하고, 대출 은행을 변경해 이율을 낮추어 현상 유지는 되는 실정이다. 얼마 전, 중국인의 한국 단체관광을 중국 정부가 허용하게 되었으나 아직 유커의 관광이 본격 재개된 것은 아니어서 시장 상황을 예의 주시하고 있다.

　나의 사업은 사후면세점과 여행사 운영에 그친 것이 아니었다. 중국과 카자흐스탄 사이 국경 '호르고스'라고 하는 면세구역에 화장품 판매점을 해보려고 현지에 가서 협의한 일도 있다. 한국 화장품만 가지고 오면 대박 난다며, 백화점 1층을 줄 테니 동업하자는 요청이 있어 1주일간 머물면서 심도 있게 검토하기도 했다. 그리고 가능성이 보여 사업을 진행하기로 했다.

　'호르고스' 사업을 하려면 서울에 판매점이 있어야 했다. 귀국하여 용산에 판매점을 계약하고 보증금을 치렀다. 그러나 진행은 순조롭지 않았다. 외국에서의 사업이라 통관(자유무역지대에서 중국 내부로 반출하는 업무) 하는 업무가 편법으로 진행된다. 한 번에 일정액(백만 원 이하)만 통관할 수 있어, 수명의 현지 인력을 확보하여 이루어지기 때문에 향후에 법적인 문제가 발생할 수 있다. 또한 외국인(몽골인) 명의의 건물이라 물건 인계 후에 대금 지급의 불확실성으로 확신이 들지 않았기 때문에 사업을 포기했다. 그때 용산에 얻은 판매점의 임대 보증금은 아직도 못 받고 있다.

　서울시에서 관장하는 동작대교 위 카페 운영권을 낙찰받기도 했다. 2018년부터 2022년까지 운영한 '구름카페' '노을카페'는 휴게소 운영과 비슷한 사업이어서 자신했지만, 운영을 해보니 예측한 매출의 절반에도 미치지 못해, 투자금을 날리고 운영권을 반납한 사례가 있다. 이것도 동업이었다. 이 사업은 투자금 일부를 동생에게 빌렸는데 아직도 못 갚고 있어 항상 미안한 마음이다.

또 중국 온주에 신설되는 백화점 2층을 통째로 대여해 줄 테니 한국관을 운영하라는 요청이 있어, 투자자와 함께 현지에 가서 확인해 보니 백화점 규모가 엄청나서 도저히 엄두가 나지 않았다. 2층만 5천 평정도 되는 규모였다. 이것도 포기했다. 지인의 소개로 중국의 유수 의료기 제조 판매 업체로부터 완제품을 줄 테니 러시아에 판매하라는 요청을 받고, 중국 연길에 가서 협의한 일도 있다. 제조업체 대표와 지인이 호형호제하는 관계였지만 아무리 제조업체에서 도와준다고 해도 우리가 할 사업은 아니었다.

필자가 바보 멍청이도 아니고, 실패한 사업을 열거한 이유는 퇴직했거나 앞둔 분들에게 들려주고 싶은 말이 있어서다. 퇴직자가 평소에 했던 업무와 관련이 없는 사업은 절대로 해서는 안 된다는 교훈을 전해 주고 싶은 마음에 열거해 보았다.

이런 많은 경험을 거쳐, 지금은 휴게소 운영업체에서 직장생활을 계속하고 있다. 도로공사에 근무하며 수십 년간 했던 휴게소 일의 연장이라서 만족하며 생활하고 있다. 퇴직 후 시간이 꽤 흘렀지만 지금도 직장에 출근하고 있으니 나름대로 능력이 있는 사람이다.

'한국 휴게소 문화개선 연구원'

수십 년간 휴게소 업무만 평생 운명처럼 해온 결과로 휴게소 관련 책을 두 권 집필했다. 휴게소 업무를 담당하는 후배들에게 간접경험을 할 수 있는 계기를 주고자 만든 책이었다. 세계적으로 휴게소 운영에 관한 서적은 없는 것으로 알고 있다. 모든 역사는 어떤 분야든 기록이 있어야만 발전하고, 현재를 개선하고 발전하는 터전이 된다고 생각한다.

우리나라가 발전하는 근간에는 기록을 특별히 많이 남겼기에 조상의 얼을 되새길 수 있고, 또한 기록이 역사적 문화적으로 우리 민족의 정신과 기상과 맥을 끊없는 외침(外侵) 속에서도 버티고 살아남을 수 있는 기틀이 되었다고 생각한다.

따라서 휴게소 분야에 대한 나의 기록이 미천하고 부분적인 기록일지 모르나 이 기록을 보고 누군가 또 더 많은 기록을 추가하고, 그

것이 모이고 이어져 발전되리라. 따라서 이번에 발간되는 책을 포함한 3권의 책을 기록으로 남기고자 한다.

책을 발간하다 보니 여기저기 언론사로부터 휴게소와 관련한 대담 형식의 인터뷰를 많이 했고, 십여 개의 매체에 출연하였다. 정기적으로 장시간 출연한 매체는 충청교통방송과 강원교통방송에서 3년에 걸쳐 1주일에 한 번 출연하는 정규코너를 맡아 휴게소를 홍보했다.

방송일은 그간 휴게소를 관리하며 얻은 지식을 정리하고 확인하는 좋은 공부의 시간이었다. 그리고 휴게소에 대한 애정이 더 깊어지는 시간이었다. 3년간 매주 1회 10여 분간 방송하기 위해 사전 준비가 필요했다. 책을 보고 인터넷의 자료를 정리하고, 10분 방송을 위해 족히 몇 시간 이상을 준비해야 했다. 더구나 부담스럽기 짝이 없는 생방송이었다.

휴게소를 이용하는 모든 분에게 유용하고 알찬 정보를 제공한다는 사명감으로 진행했다. 내 노고를 위로하는 아주 소액의 출연료도 있었다. 156회를 진행했으니 이만큼 휴게소를 홍보한 사람은 없을 것이다.

언젠가 라디오 생방송 중에 앵커가 도로공사 퇴직한 분이 휴게소를 이렇게 홍보해 주는데, 도로공사에서 휴게소 홍보대사라도 시켜주어야 하는 것 아닌가 반문한 적이 있다. 나는 '휴게소 이미지 향상을 위해서 노력하고 있다는 정도만 알아주어도 좋겠다'고 생각했다.

우리나라 휴게소의 운영개선으로 세계 최고 수준의 선진화된 문화로 정착시켜서 각국에 우리나라 휴게소가 수출된다면 K-POP과 K-food와 K-뷰티를 필두로 우리나라 문화가 나가는 전진기지 역할을 휴게소가 할 것이기 때문에, 미력하나마 '한국휴게소문화개선연구원'을 설립했다.

'한국휴게문화개선연구원'은 휴게소를 홍보하고 해외에 전파하는 촉매제 역할을 함과 더불어 해외와 국내 관련 단체나 업체와의 인적 네트워크를 구축하는 프로그램을 만들어 정착시키는 일을 추진하고 있다. 얼마나 성과가 있을지 모를 일이나 관심 있는 많은 선배, 후배, 동료, 시민이 함께 마음을 모아주기를 바라는 마음이 있다.

오래 지나지 않아 휴게소 분야도 반도체나 자동차나 조선 등 수많은 수출품 속에 한 분야가 되어 있을지 모를 일이다. 그래서 '한국 고속도로 휴게소 운영개선 연구원' 슬로건은 '휴게소로, 세계로, 미래로'라고 정했다. 앞으로도 주어진 여건 속에서 휴게소 개선과 발전, 홍보와 나름 문화전파를 위해서 노력할 계획이다.

마지막 동행

 오부자(五父子)가 산길을 오른다. 백수(白壽)를 바라보는 아버님을 모시고 당신이 영원을 간직할 자리와 조상님들이 누워 계시는 곳으로 가는 길이다.
 산등성이에는 늦은 가을 구름 하얗게 펼쳐져 있고 아버님을 업은 막내아들의 머리는 파란 하늘에 선명하게 드러나 있다. 지친 아버님의 머리는 막내의 어깨에 얹혔다. 용도가 불분명한 한쪽 신발은 구름에 닿아있고 뒤를 따르는 세 아들은 황토로 덮여 있는 산등성을 따라간다.
 고향 집은 그리 멀지 않은 한 시간 안에 도착할 수 있는 거리다. 그곳에는 아버님과 형님이 한 공간에서 묵은 세월을 음미하며 살고 계신다. 짐작만으로 아버님의 신상에 뭔가 일이 있는 것 같았다. 이번 일요일에는 자식들에게 꼭 고향 집에 오라고 한다. 아버님은 일평생

일등의 자리는 보전하지 않고 식솔들의 뒷자리만 맴돌다 육신이 쇠잔해지셨다. 구십 대 초반만 해도 기력이 십 년은 젊게 사셨다. 그런데 올해 들어와서 부쩍 침대에서 보내는 시간이 많다. 말없이 등을 내준 침대만 벗 삼아 외로움과 과거사를 깔고 뭉개며 하루를 보내는 것도 이골이 나신 모양이다.

아버님의 손은 세월만큼이나 뼈마디며 살갗이 산비탈 마른 밭고랑같이 퍼석했다. 평생을 살아온 집과 전답은 신항만 물류단지로 개발이 되어 벌겋게 황토로 뒤집혀 버렸다. 산 좋고 물 좋다고 평생을 살아온 마을 자랑을 입에 달고 살았다. 속으로 잇속 좀 챙기라고 어머님에게 무던히도 타박받았지만, 고향 사랑은 끝이 없었다. 백여 년을 지켜온 땅이니 당연하리라.

젊어 동네 이장(理長)을 할 때나 면사무소를 드나들 때 같으면 어림도 없는 일이었다. 조상님들 산소마저 다 옮겨야 했다. 속이 상한 아버님은 면 소재지 근방의 임시 거처로 떠날 때는 뒤도 돌아보지 않고 말없이 가셨다. 식솔을 키워 냈던 세간과 동네의 묵은 역사는 고물장수가 정리해 갔다.

억눌린 애간장도 이제 포기하고 침묵만이 벗이 되어 자식들이 오기만을 속으로 탐하신다. 몇 년이 걸릴지도 모르는 구획정리사업이 끝나면 새집 지어 들어갈 계산이다. 당신 생전에 백여 년을 살아온 땅에 다시 들어갈 수 있을지 기대하시는 것 같다. 낮이나 밤이나 구분도 없이 꿈을 헤매다 자식 중 하나라도 오면 그 꿈속에서 벗어난다. 입가에 옅은 미소는 포옹과 악수를 대신하고 그저 표정만 조금 변한 곳에 물기 없는 슬픈 웃음만 짓는다.

자식 팔 남매는 주렁주렁 달린 열매처럼 튼실하게 자라 고향 산

천이 파헤쳐지기 전에 타지로 모두 떠났다. 그래도 장남만은 인생 100년을 산다는 것은 축복이라며 아버님을 정성으로 모셨다. 외항선장으로 근무할 때의 고뇌는 외로움보다. 부모님과 형제들 걱정이 더 앞섰단다. 아버님은 자식 뒷바라지를 능력껏 해보았지만, 냉엄한 사회는 호락호락하지 않았다. 가장으로 미흡했다고 죄지은 심정으로 자식들 뒤에 순번을 두었다. 기력이 좋을 때는 손수 밥도 챙겨 주시며 당신 집이니 자식들을 손님으로 대접했다. 그것은 당신 할 몫이라 했다. 그런데 나는 아버님께 별도로 용돈을 챙겨 드린 기억이 없다. 동생 둘을 학교 보내며 가숙했기 때문에 부모님은 항상 아내나 나에게 미안해했다.

늦은 가을 일요일, 불이 붙은 듯 동쪽 산은 유난스럽게 붉게 단풍이 물들었다. 조상님이 누워 계시며 당신이 영원을 간직할 자리가 있는 곳에 한번 가고 싶어 하신다. 체력이 자꾸만 약해지니 정신까지도 서둘러 정리를 하고 싶은 모양이다. 오랜만의 나들이가 마지막이라 감지하시는지 새 옷을 입으시고 중절모자와 지팡이까지 챙기신다.

걸음이 여태껏 불편해도 지팡이를 거부한 것은 자존심 때문이다. 팔순을 넘겨서도 생면부지의 사람들이 할아버지라고 부르는 것보다 아저씨라 부르는 것을 좋아하지 않으셨던가. 동구 밖만 나서도 양복 정장에 넥타이를 챙기며 삼복더위에도 흐트러짐이 없으셨다.

거처에서 차로 5분 거리의 산자락까지는 이승의 마지막 길인 듯 수심이 가득해 보인다. 산자락 밑의 오솔길은 평생을 오르내리던 길이다. 소 꼴을 먹일 때와 땔감을 할 때와 등산을 할 때도 다니던 눈에 익은 삶을 통째 얹어 놓은 길이다. 산길 초입에서 부축할 자세를 보이니 "어허, 어허" 백여 년의 인생을 얹은 지팡이를 내저으며 거부의사를 한다. 당신 스스로 막상 걸음을 옮겨보니 코와 입으로 양껏 마신 공기도 모자라 단내가 나고 발은 휘청거려 한걸음이 천 리다. 그 많은 산을 헤치고 다니면서 험한 너덜겅도 헛기침 한 번으로 뛰어넘었는데 말이다.

30여 미터 만에 길을 멈춘다. 한참 동안 시선을 허공에 두고 만추 속에 지나온 삶을 반추하는 듯한다. 상수리 낙엽 하나가 생명줄인 떨켜를 떠나 S자를 그리며 아버님 어깨 위에 떨어진다. 경사도가 가파르다. 이제부터는 당신에겐 백두산 등정처럼 힘들게 차고 올라야 한다. 목에서는 쇳소리가 나고 맑은 공기를 코와 입으로 양껏 마셔도 숨이 차다. 앞에서 끌고 뒤에서 민다. 아직 목적지는 대여섯 배나 더 가야 한다.

과연 아버님이 당신 누울 자리까지 가볼 수 있을까 걱정이 된다. 그때 힘과 덩치가 제일 큰 막내가 불쑥 아버님 앞에 등을 내민다. "에이, 어허, 내 아직 괜찮다."며 비켜서란다. 당신의 마지막 자존심을 건드리지 말라는 완고함이다. 일을 충실히 해내지 못한 당신의 신발짝에 굴참나무 사이로 햇살이 살포시 내린다.

힘이 어디서 더 생길 것도 아니고 쉬는 시간이 많아지니 장남인 형이 조용히 아버님을 달랜다. "아부지, 여기서부터는 오르막이 심하니 업혀 가입시더." 가는 듯 쉬는 듯 힘이 드셨는지 엉거주춤하는 사이 막내의 등판이 아버님의 코앞에 바짝 닿는다. 형은 승낙할 틈도 없이 삭다리같이 마른 아버님이 엉덩이를 떠받쳤다. 평생 팔 남매를 업었던 등은 탈피하는 허물처럼 가벼워져 이제 자식 등에 업혔다.

중절모자 끝에 걸린 삼나무의 맑은 공기가 오부자(五父子)를 감싸안는다. 그 속에 사운거리는 마른 풀잎 하나 아버님의 전신이 되어 살랑인다. 등판을 내준 자식에게 미안함인지 업혀 있는 당신이 더 힘겹다며 자주 쉬자고 하신다. 셋째와 막내의 등을 교대로 빌리면서 인생의 무상함에 " 백 년을 살려니 너무 힘드네." 하신다. 일제강점기의 배고픔, 6·25 때 좌우익을 줄타기하며 생을 지킨 삶이다.

오늘의 이 길은 아버님의 인생길이다. 육신이 영원히 누울 자리에서 말없이 침묵하다 조상님들 산소에서는 긴 한숨을 내쉰다. 잔디 위에 앉은 자세가 귀보다 무릎이 더 높아졌다. 백여 년의 묵은 삶이 정지되어 감을 선조들께 신고라도 하듯 늙은 잔디 위에서 머리를 조아리신다. 아직 정신이야 총총하지만, 육신이 부들부들 운신하는 것이 힘겹다. 너무 빨리 가는 세월이야 잡고 싶지만, 뒤따르는 아들에게도 시간은 흐르고 있었다.

배종은

마지막 글은 수년 전에 아버님이 돌아가셨는데, 돌아가시기 얼마 전, 마지막으로 우리 5형제와 아버님이 산소에 갔던 여정을 둘째 형님께서 글로 남긴 것이 있어 같이 게재한다.

매일 쉬는 남자
다함께 가는 길, 다시 가고 싶은 곳으로

인쇄일	2024년 10월 10일
발행일	2024년 10월 15일
지은이	배종엽
펴낸이	유창림
펴낸곳	아트앤미디어
편집디자인	다함미디어
출판등록	제2024-000006호
주소	강원특별자치도 평창군 봉평면 봉평북로 138-14
이메일	road@road25.com

© 배종엽, 2024

ISBN 979-11-989099-0-9 (03810)

* 책값은 뒤표지에 있습니다.